401/32 £3.50

MATT HAIG

THE COMFORT BOOK

МЭТТ ХЕЙГ

КОМФОРТНАЯ КНИГА

Москва
2022

УДК 82-3
ББК 84
Х 35

Дизайн обложки © Rafaela Romaya
Адаптация дизайна для издания на русском языке Анастасии Ивановой

Хейг, Мэтт

Х 35 Комфортная книга / Пер. с англ. М. Череповского — Москва: Лайвбук, 2022. — 272 с.

ISBN 978-5-907428-40-9

Все мы о чем-то сожалеем, обвиняем себя в мнимых и реальных ошибках, сомневаемся в себе и вопрошаем: «Почему я вообще такой?» «Комфортная книга» — во многом терапевтическая. Она возвращает надежду, радость жизни, дарит поддержку и утешение.

Обращаясь к фактам из реальной жизни, истории, науки, искусства и совмещая их с личным опытом, Хейг предлагает книгу — спасательный круг, собрание заметок и историй. Каждая из них дает новый взгляд на жизнь, напоминает, что иногда нужно замедлиться и оценить красоту этого изменчивого мира.

Мэтт Хейг — один из ведущих британских писателей, автор мировых бестселлеров «Полночная библиотека», «Планета нервных» и других.

УДК 82-3
ББК 84

ISBN 978-5-907428-40-9

...Не думайте, что тот, кто пытается Вас утешить, живет без труда среди простых и тихих слов, которые Вас иногда успокаивают. В его жизни много труда и печали, и она далека от этих слов. Но если бы это было иначе, он никогда бы не смог найти эти слова*.

Райнер Мария Рильке,
«Письма к молодому поэту»

---

* Пер. М. Цветаевой.

Вступление

Порой я сажусь за бумагу, чтобы успокоиться и утешиться. Записываю уроки, которые извлек для себя из невзгод. Мысли. Рассуждения. Перечни. Примеры. Все, о чем хочу вспомнить. То, чему научился у других людей.

Удивительно и парадоксально, но подчас самые правильные и самые светлые мысли и утешительные жизненные уроки приходят к нам в самый тяжелый час. Но мы ведь и впрямь думаем о еде больше всего, когда голодны, и сильней всего нуждаемся в спасательной шлюпке, когда нас швыряет за борт.

Что ж, покажу свои «спасательные шлюпки». Мысли, которые держали меня на плаву. Надеюсь, что какие-нибудь из них помогут и вам добраться до суши.

Немного о структуре

В этой книге порядка не больше, чем в нашей жизни.

Тут много коротких глав, а есть подлиннее. Есть списки, афоризмы, цитаты, анализы тех или иных конкретных ситуаций и снова перечни, целая гора. Кое-где даже рецепты проскакивают. Я писал, исходя в основном из собственного опыта, но местами черпал вдохновение из самых разных источников, от квантовой физики до философии, от любимых фильмов или древних религий и до инстаграма.

Можешь читать, как захочешь. Можно начать сначала, а можно с конца. Можешь просто открыть на середине.

Можно загибать странички. Можно даже вырывать их. Можешь дать почитать другу или знакомому (хотя с вырванными страничками, наверное, не надо). Можешь положить на тумбочку у кровати, а можешь держать в туалете. Хоть из окна выбрасывай. Никаких правил.

Но все же есть в этой книге один ненамеренный сквозной мотив — связь. Мы все существуем. И все мы связаны со всем сущим. Человек с человеком. Миг с мигом. Боль с удовольствием. Отчаяние с надеждой.

В трудные времена нам нужно по-настоящему глубокое утешение. Нечто фундаментальное. Надежная опора. Незыблемая скала, за которую можно ухватиться.

Она уже есть у всех нас внутри. Просто иногда нам нужна помощь, чтобы ее разглядеть.

Часть первая

Возможно, дом — не жилище,
а непременное условие существования*.

Джеймс Болдуин, *«Комната Джованни»*

---

* Пер. А. Родашкевича.

Младенец

Представь себя младенцем. Глядя на младенца, ты не найдешь в нем недостатков. Младенец рождается совершенным. С самого первого его вздоха в нем заложена великая ценность. Она не определяется ничем сторонним — деньгами, внешностью, политикой или мнением общественности. Она суть бесконечная ценность человеческой жизни как таковой. И эта ценность остается в нас навсегда, хоть с годами нам становится все труднее и труднее об этом помнить. Мы остаемся точно такими же живыми людьми, какими когда-то появились на свет. Нам надо всего лишь продолжать быть. И не терять надежды.

Ты — и есть цель

Совершенно не обязательно постоянно самосовершенствоваться, чтобы любить себя. Любовь не нужно заслуживать, добиваясь каких-то поставленных целей. Мир давит на нас, но не позволяй ему выдавить из тебя самосострадание. Ты родился достойным любви и остаешься достойным ее по сей день. Будь добрее к самому себе.

Нет ничего сильнее крохотной надежды,
которая отказывается сдаваться.

Кое-что сказанное однажды моим отцом, когда мы заблудились в лесу

Как-то раз мы с отцом заблудились в лесу во Франции. Мне было лет двенадцать или тринадцать. Словом, это было еще до наступления эпохи сотовых телефонов. Мы поехали в отпуск — самый обыкновенный, типичный для среднего класса отпуск в глубинке вдали от моря, прелести которого я еще не понимал. Мы тогда отправились на пробежку в долину Луары. Где-то полчаса спустя до отца дошло: «Кажется, мы заблудились». Мы ходили кругами, тщетно пытаясь отыскать путь назад. В какой-то момент папа спросил дорогу у двух попавшихся нам браконьеров, и те направили нас, как оказалось, не в ту сторону. Я видел, что отец начинает паниковать, хоть он изо всех сил это скрывал. К тому моменту мы уже провели в лесу несколько часов и понимали, что мама наверняка места себе не находит от ужаса. Мы в школе как раз проходили тогда библейскую историю об израильтянах, погибших в пустыне, и я с легкостью вообразил, что то же самое произойдет и с нами. «Если будем идти все время прямо, то обязательно выберемся»,— сказал тогда папа.

И оказался прав. Через некоторое время до нас стал доноситься шум машин и вскоре мы вышли к шоссе. В итоге мы оказались в одиннадцати милях от деревни, у которой вошли в лес, но зато теперь могли хотя бы идти по указателям. Мы выбрались из леса. С тех пор, когда я теряю дорогу — в буквальном смысле или в переносном — я часто вспоминаю те слова отца. Вспоминал, когда мне было плохо. Когда я жил в состоянии перманентной депрессии, перемежающейся паническими атаками, когда мое сердце бешено колотилось от страха и я не понимал, кто я есть на самом деле и как мне жить дальше. *Если будем идти все время прямо, то обязательно выберемся.* Надо просто идти, шаг за шагом, левой-правой, не сворачивая — и продвинешься дальше, чем бегая как угорелый по кругу. Весь фокус — в решимости.

Не страшно

Не страшно быть сломленным.

Не страшно, носить шрамы, оставленные опытом.

Не страшно быть в полном раздрае.

Не страшно быть гадким утенком. У него особая история.

Не страшно быть сентиментальным чудаком и плакать от избытка чувств, когда слушаешь песню или смотришь фильм, который, по мнению окружающих, таких чувств вызывать не должен.

Не страшно, что тебе нравится то, что тебе нравится.

Не страшно, если что-то нравится тебе не потому, что оно интересное, крутое или популярное, а просто потому, что нравится.

Воля

Римский император и стоик Марк Аврелий считал, что когда нам больно по тем или иным внешним обстоятельствам, эта «боль есть живое представление о боли: сделай усилие воли, чтоб изменить это представление, откинь его, перестань жаловаться, и боль исчезнет»*.

Хорошо сказано, однако я по своему опыту знаю, что порой практически невозможно найти в себе подобную волю. Нельзя просто так взять и как по волшебству избавиться, к примеру, от горя, трудовой усталости или переживаний из-за проблем со здоровьем. Когда ты теряешься в лесу, ты испытываешь страх, который вовсе не обязательно вызван самим лесом или даже осознанием того, что ты в нем заблудился. Но в такие моменты тебе кажется, что источник этого страха — именно сам факт: *ты заблудился в лесу*.

---

* Пер. Л. Урусова.

В таких случаях полезно напомнить себе, что мир есть наше представление о нем. И чтобы изменить это представление, вовсе не обязательно менять какие-то внешние факторы. Все мы частенько теряемся в таких метафорических лесах, и подчас никак не можем из них выбраться. Но, изменив представление о лесе, можно научиться жить среди деревьев.

Нет ничего
ни хорошего, ни плохого

Слова Гамлета, адресованные его бывшим университетским однокашникам Розенкранцу и Гильденстерну: «Нет ничего ни хорошего, ни плохого; это размышление делает все таковым»*, из уст принца звучат достаточно гнетуще. Он подавлен и мрачен, и у него есть на то причины. Он называет Данию, а заодно и весь мир, тюрьмой. И лично для него Дания и впрямь тюрьма — физически и психологически. Однако он понимает, что важную роль в таких вещах играет точка зрения. И ни Дания, ни тем более весь мир, не плохи *сами по себе* — они плохи *с его точки зрения*. Плохи потому, что он их таковыми считает.

События сами по себе нейтральны. Отрицательную или положительную эмоциональную окраску они обретают лишь в тот момент, когда попадают в наш разум. Все дело в восприятии. От этого не всегда легче, но все же есть некое утешение в том, что на все в мире можно смотреть с разных точек зрения.

---

* Пер. М. Лозинского.

И в этом есть сила — осознание того, что мы отданы на милость вовсе не внешнему миру, который мы не способны контролировать, а нашему собственному сознанию, которое мы, при должном усердии и целеустремленности, способны изменить и расширить. Порой оно сажает нас в клетку, но оно же и дарит нам от нее ключи.

Перемены реальны

Мы постоянно открываем замки. Точнее, это делает само время. Поскольку время несет перемены.

А перемены есть сама суть нашей жизни. Наш луч надежды.

Каждый раз, когда мы испытываем какие-то ощущения и переживания, наш мозг перестраивается — это называется нейропластичностью. Ни один человек не способен остаться прежним десять лет спустя. Проходя, морально или физически, через нечто ужасное, стоит помнить о том, что ничто не вечно. Точка зрения меняется. Мы становимся другими версиями самих себя. Самый тяжелый вопрос из всех, что мне задавали в жизни, звучал так: «Как можно жить ради других, если у меня никого нет?» Ответ такой: живи ради других версий самого себя. Ради тех, кого ты однажды *встретишь,* естественно, но еще и ради тех, кем ты *станешь*.

Быть — значит отпускать

Самопрощение меняет мир к лучшему. Хорошим человеком не станешь, пока считаешь себя плохим.

Где-то

Чудесно находить надежду в искусстве, в книгах или в музыке. Часто она возникает внезапно, как в «Побеге из Шоушенка», когда постер с Ракель Уэлч срывают со стены тюремной камеры Энди. Или как в «Звуках музыки», когда капитан фон Трапп в течение буквально одной сцены превращается из скованного и подавленного вдовца в счастливо поющего отца.

Эта надежда часто едва уловима, но ты безошибочно ее узнаешь. Чувствуешь, как голос Джуди Гарленд в «Somewhere Over the Rainbow» легко поднимается на целую октаву на одном слове «somewhere», перескакивая через семь нот, подобно настоящей музыкальной радуге, и приземляясь на восьмой. Надежда — это всегда устремление ввысь, это протянутая рука. Надежда — это полет. «Штучка с перьями», как метко подметила Эмили Дикинсон.

Многим кажется, что в трудные времена тяжело обрести надежду, но я считаю иначе. По крайней мере, именно в надежду мы вцепляемся изо всех сил в периоды тревоги и отчаяния. Мне думается, вряд ли стоит считать совпадением то, что «Somewhere Over the Rainbow» — одна из самых щемящих и в то же время пронизанных надеждой песен во всем мире, песня, вошедшая во многие чарты в качестве величайшей песни двадцатого столетия — была написана Гарольдом Арленом и Эдгаром «Йипом» Харбургом для «Волшебника страны Оз» в 1939 году, едва ли не самом мрачном за всю историю человечества. Гарольд подарил миру эту музыку, а Йип написал на нее слова. Оба этих человека были отнюдь не чужды страданиям. Эдгар Харбург лично наблюдал ужасы Первой мировой войны, а после кризиса 1929 года оказался банкротом. А у прославившегося благодаря этому пронзительному скачку через октаву Гарольда Арлена погиб в младенчестве брат-близнец. В шестнадцать Гарольд сбежал от родителей — ортодоксальных евреев — и ушел на поприще современной музыкальной карьеры. При этом не забудем и о том, что эти два еврея написали, наверное, самую полную надежды песню из всех как раз в то время, когда Адольф Гитлер вовсю разжигал пламя войны, и в Европе уже бушевал антисемитизм.

Чтобы обрести надежду, совсем не обязательно быть в полном порядке. Нужно всего лишь осознать, что все изменится. Надежда есть для всех. Не надо отрицать окружающую реальность — надо лишь понимать, что будущее туманно и что в человеческой жизни есть не только тьма, но и свет. Можно оставаться в гуще самых жутких событий и слышать при этом в голове следующую октаву, где-то по другую сторону радуги. Мы способны жить наполовину в настоящем, наполовину — в будущем. Одной ногой в Канзасе, другой — в стране Оз.

Песни, которые меня успокаивают (плейлист)

(Утешительны не слова этих песен, и логика тут ни при чем, но все они творят со мной эту удивительную, нежную, подвластную одной лишь музыке магию. У тебя, конечно, будет другой плейлист. Но я решил поделиться своим.)

O-o-h Child — The Five Stairsteps
Here Comes the Sun — The Beatles
Dear Theodosia — саундтрек к «Гамильтону»
Don't Worry Baby — The Beach Boys
Somewhere Over the Rainbow — Judy Garland
A Change Is Gonna Come — Sam Cooke
The People — Common ft. Dwele
The Boys of Summer — Don Henley
California — Joni Mitchell
Secret Garden — Bruce Springsteen
You Make It Easy — Air
These Dreams — Heart
True Faith — New Order

If You Leave — OMD

Ivy — Frank Ocean

Swim Good — Frank Ocean

Steppin' Out — Joe Jackson

Pas de deux из «Щелкунчика» — Чайковский (это, конечно, не песня, но все же ощущается потрясающе пронзительно и комфортно)

If I Could Change Your Mind — HAIM

Space Cowboy — Kacey Musgraves

Hounds of Love — в исполнении либо Kate Bush, либо Futureheads

Enjoy the Silence — Depeche Mode

I Won't Let You Down — Ph.D.

Just Like Heaven — The Cure

Promised Land — Joe Smooth

Гора

Чтобы решить проблему, неплохо для начала ее разглядеть. Взобраться на гору не выйдет, если делать вид, что горы нет.

Долина

Когда тебе плохо, важно помнить о том, что мысли, навеянные негативными чувствами,— это лишь мысли, а не объективные внешние факторы. К примеру, в двадцать четыре года я был уверен, что не доживу до двадцати пяти. Я абсолютно точно знал, что моя жуткая душевная боль не позволит мне прожить не то что несколько месяцев — недель. И все же вот он я — сижу и пишу этот абзац в свои сорок пять. Депрессия лжива. Чувства, что я испытывал тогда, были более чем реальны, однако мысли, к которыми они меня приводили, были обманчивы.

Я не мог понять, из-за чего впал в состояние суицидальной депрессии, и мне казалось, что я никогда не выберусь. Я не осознавал тогда, что существует нечто гораздо сильнее депрессии, и имя ему — время. Время изобличает ложь, которую внушает нам депрессия. Оно показало мне, что все то, что напророчила мне депрессия, было враньем, а вовсе не неизбежным роком.

Это не значит, что время лечит любые душевные невзгоды. Это лишь значит, что наше отношение и подход к себе самим постепенно меняются, и часто — к лучшему, если убедить себя остаться в этом мире, покуда время не подарит нам новую точку зрения, которую закрывают от нас страх и отчаяние.

Говоря о душевном здоровье, люди часто используют топографические метафоры с вершинами и впадинами, с холмами и долинами. В этом определенно есть смысл — порой наша жизнь и вправду ощущается как трудный путь в гору или стремительное падение со склона. Но важно помнить, что снизу, из долины, редко хорошо виден окружающий ландшафт. И что иногда для того, чтобы вновь подняться наверх, достаточно просто двигаться вперед.

Сумма

Мы всегда больше, чем боль внутри нас. Всегда. Боль не бывает всепоглощающей. В словах «мне больно» есть «боль» и есть «мне» (то есть «я»), но это «я» всегда больше боли. Потому что «я» всегда существует, в том числе и отдельно от боли, а вот боль есть лишь продукт нашего «я» и сама по себе существовать не может. И это «я» обязательно переживет эту боль и со временем будет чувствовать нечто иное.

Мне самому когда-то было очень трудно это понять. Мне казалось, что я и есть боль. Я не относился к депрессии как к опыту. Я воспринимал ее как самого себя. Даже когда уходил с утеса над обрывом в Испании. Даже когда прилетел потом обратно домой к родителям и сказал родне, что со мной все хорошо. Я называл себя депрессивным. Я редко говорил «у меня депрессия» или «у меня сейчас депрессивный период», поскольку депрессия казалась мне суммой составляющих моей сущности. Я принимал отдельный фильм за весь кинотеатр. Я думал, что для меня есть только одна такая пленка, которая будет проигрываться вечно по кругу. «Кошмар на улице Хейга» (извиняюсь). Я не понимал, что однажды в этом кинотеатре обязательно покажут и «Звуки музыки» с «Этой прекрасной жизнью».

Моя проблема заключалась в том, что у меня был дихотомичный взгляд на мир. Мне казалось, что можно быть либо здоровым, либо больным; либо здравомыслящим, либо безумцем. Когда у меня диагностировали депрессию, я чувствовал себя изгнанником, сосланным, подобно Наполеону, в чужие края, и путь обратно мне был заказан.

Надо сказать, что в каком-то смысле я был прав. Я так и не вернулся. Я двинулся дальше. Так все устроено: хочешь или нет, ты неизбежно двигаешься вперед, дальше сквозь время, просто потому, что продолжаешь жить. И постепенно восприятие меняется. Лично я, к примеру, научился находить крохотные моменты радости или веселья посреди трясины отчаяния. Понял, что не все бывает либо черным, либо белым. Что иногда цвета смешиваются.

И стоит обнаружить весь этот необъятный простор внутри нас, как открывается новый взгляд на мир. Да, там необъятное пространство для боли, но достаточно места и для других вещей. Так что боль, конечно, жуткое скотство, но именно она может нечаянно показать, как много внутри нас места. Может даже расширить это пространство. Дать нам однажды в будущем ощутить не меньшее количество радости, умиротворения, надежды и любви.

Словом, важно всегда помнить о просторах внутри нас. Мы — целые мультиплексы возможностей.

Подлежащее в предложении

Да, иногда нам кажется, что окружающие оценивают нас по какой-то шкале, по статистическим критериям типа уровня дохода, количества подписчиков, веса, размера груди и так далее. Но важно всегда помнить о том, что нас невозможно полностью измерить. Мы — сама жизнь. Мы не узкий поток чувств в каждом отдельно взятом моменте. Мы — сосуд, в котором могут храниться *любые* чувства. Мы — подлежащее в предложении. Мы — больше, чем простая сумма наших достижений. Мы — больше, чем совокупность проживаемых чувств. Мы — разность, получаемая при вычитании этих чувств из вечности.

О чем стоит помнить, когда тебе плохо

Это пройдет.

У тебя были прежде другие чувства, и они появятся у тебя вновь.

Эмоции подобны погоде — они изменчивы и непостоянны. Облака на небе могут казаться недвижимыми, слово скалы. Мы смотрим на них и не замечаем никаких изменений. И все же они постоянно находятся в движении.

Худший период в любом переживании наступает тогда, когда ты чувствуешь, что больше не можешь. Так что если ты понимаешь, что больше не выдержишь,— скорее всего, это означает, что хуже тебе уже не будет. Все, что тебе предстоит дальше, будет по ощущениям лучше и легче.

Ты все еще здесь. А это важнее всего.

На случай, если ты опустился на самое дно

Тебе удалось пережить все, через что тебя заставила пройти жизнь до этого момента. И его ты тоже переживешь. Останься — ради того человека, которым тебе только предстоит стать. Ты — больше, чем просто плохой день, плохая неделя, месяц, год или даже десятилетие. Ты — будущее самых разнообразных возможностей. Ты — другая версия самого себя, оглядывающаяся откуда-то из будущего на нынешнюю с благодарностью за то, что она выдержала. Останься, не уходи.

Самое

Лучшее, что есть в «самом дне»,— это тот факт, что оно «самое». На самом дне ты постигаешь свой лимит. Предел, дальше которого тебя уже не сломить. То, что можно сентиментально назвать душой. На самом дне мы находим незыблемый фундамент. И на нем можно отстроить все заново.

Десять книг, которые помогли моему душевному здоровью

1. «Письма к молодому поэту» — Райнер Мария Рильке.
2. «Стихи» — Эмили Дикинсон.
3. Дневники Генри Дэвида Торо.
4. «Когда все рушится» — Пема Чодрон.
5. «Дом на Пуховой опушке» — А. А. Милн.
6. «Птица за птицей» — Энн Ламотт.
7. «Размышления» — Марк Аврелий.
8. «Дао дэ цзин» — Лао Цзы.
9. «Серьезные заботы» — Венди Коуп.
10. «Dream Work» — Мэри Оливер.

Слова

Учась в магистратуре по программе английской литературы, я постоянно чувствовал себя идиотом, поскольку выбрал специальность под названием «Критическая теория». В результате мне приходилось читать уйму философских трактатов из области французского постмодернизма и постструктурализма, которые, даже будучи переведенными на английский, содержали столько очевидно намеренно туманных и размытых предложений, что мне приходилось пялиться на каждый абзац добрых полчаса, прежде чем он хотя бы начинал как-то укладываться в моей голове. Среди прочего я осознал, что всегда существует некоторый разрыв между обозначаемым и обозначением. Слово «собака» не является собакой. Слово «вода» не есть сама вода. Что рисунок, на котором изображена флейта — это не флейта, а кадры из военной хроники по телевизору — не война. В общем и целом все эти теории создавали впечатление крайне запутанных и иносказательных способов донести одну до боли очевидную мысль: мы постоянно стремимся к смыслу, которого неспособны достичь.

Однако, когда я занемог, они обрели для меня более широкий смысл. Я тогда чувствовал себя ходячим обозначением человека, которым я сам никогда не смогу стать. Разрыв между тем, кем я выглядел, и тем, как себя ощущал, был огромным. Преодолеть его я смог, только начав писать обо всем, что происходило в моем внутреннем мире. Конечно, в философском смысле слова не являются тем, что они описывают, но в этом-то и вся соль — они помогают вывести внутреннее наружу. Облекая мысли в слова, мы перемещаем их в общий для всех нас внешний мир. Этот общий мир зовется «язык». Когда мы берем наши личные, никому не известные переживания и выставляем их на свет, мы помогаем другим, а иногда и себе самим, понять, через что мы проходим. Сказанное вслух неспособно полностью вобрать в себя наши чувства, но в этом-то все и дело.

Слова не вбирают — они выпускают.

Слова (два)

Так что да.

Слова крайне важны.

Слова способны ранить. Слова способны исцелить. Слова способны успокоить.

Было время, когда я не мог говорить.

Было время, когда депрессия прижала меня настолько, что я физически не мог пошевелить языком. Время, когда расстояние между открытыми вратами моего рта и бушующим ураганом моего сознания казалось непреодолимым.

Иногда меня хватало на односложные слова.

Я мог кивать. Мог что-то бормотать. Звук выходил, будто в замедленном кино. Под водой.

Я потерялся.

Желание говорить было желанием жить. А я тогда был настолько глубоко, что мне не хотелось ни того, ни другого. Мне хотелось хотеть, если так хоть чуточку понятнее.

Я вспоминал, как читал «Поэтому птица в неволе поет» Майи Анджелу в школе. Читал, как девочка перестала говорить после того, как подверглась сексуальному насилию со стороны парня своей мамы, мистера Фримена. Когда его убили дяди девочки, восьмилетняя Майя, чувствуя себя виноватой в его смерти, перестала говорить, фактически онемев на целых пять лет. Потом подруга семьи, учительница по имени Берта Флауэрс, открыла для Майи мир великих писателей. Она стала читать Эдгара Алана По, Чарльза Диккенса, Шекспира, поэтесс Джорджию Дуглас Джонсон и Фрэнсис Харпер. Постепенно, благодаря чтению и учебе, Майя вновь обрела голос и с тех пор уже не расставалась с ним. К концу 1960-х годов эта некогда немая девочка стала одной из главных активисток движения за гражданские права, голосом, говорившим не только за себя, но и за миллионы людей, страдающих от дискриминации по расовому признаку.

Язык дает нам силу озвучивать наши переживания, воссоединяться с миром вокруг нас и менять жизни — как наши, так и других людей.

«Нет большей агонии, чем носить невысказанную историю внутри себя», писала Анджелу. Молчание — боль. Но из этой боли есть выход. Даже если мы не способны говорить, мы можем писать. А если не можем и писать — можем читать. Если не можем читать — можем слушать. Слова — это семена. Язык — путь обратно в жизнь. И иногда он становится нам лучшим утешением.

Сила «почему»

Меня иногда спрашивают, не становится ли мне хуже, когда я пишу об отрицательных переживаниях.

Я понимаю, откуда этот вопрос. Однако всегда вдумчиво отвечаю: «Нет».

Я обнаружил это много лет назад. Мне было очень плохо, хуже не бывает — я едва мог говорить, но я писал о своих чувствах. Один раз записал словосочетание «незримый груз». Другой: «Хочется залезть себе в голову и выскрести оттуда участок мозга, из-за которого мне так плохо». И это еще не самое мрачное из того, что я писал. Но от самого процесса записывания этой жути мне не становилось страшнее или хуже. Мне и так было жутко. Выпуская все эти кошмары из себя на бумагу, я выносил их наружу, на свет, при котором они казались уже не такими страшными.

Теперь я иногда пишу, о чем хочу. Самое важное — честность. Будь беспощадно, бесстыдно честным — рекомендую.

Например, можешь написать: «Хочу накачанный пресс».

Увидев это желание на бумаге, можно внезапно узнать о нем нечто новое. Тебе может вдруг стать за него стыдно. В глубине души, возможно, ты сразу начнешь привычно его подавлять. И все же, записав его, полезно задать себе один простой и короткий вопрос — почему? «Почему я хочу накачанный пресс?» Честным ответом, вероятно, будет: «Потому что я хочу хорошо выглядеть». И снова: «Почему?» Ты взглянешь на свой предыдущий ответ и поймешь, что был не до конца честен. И добавишь: «Чтобы производить впечатление на окружающих». И вновь, подобно какому-то неустанному Сократу, спроси: «Почему?» «Потому что я хочу им нравиться». «Почему?» «Потому что я хочу, чтобы меня приняли». «Почему?» И так ты будешь спускаться все глубже и глубже в длинные пещеры и тоннели «почему», пока не достигнешь озарения. Понимания, к примеру, того, что дело совсем не в прессе. И не в телосложении. Дело даже не в здоровье и силе. Нет, дело тут в совершенно другом. В чем-то, чего накачанный пресс вовсе не решит.

Записывать — значит всматриваться. Более четко видеть свои комплексы. Проливать свет на свои сомнения и мечты и понимать их истинную суть. В ярком свете правды можно испарить даже самую огромную лужу переживаний.

Пробелы в жизни

Если выносить из комнаты вещи одну за другой, произойдут два события. Первое очевидно: ты заметишь отсутствие того, что вынес. Второе — ты начнешь отчетливее замечать все то, что осталось в комнате. Твое внимание сфокусируется. Ты с большей вероятностью станешь читать оставшиеся на полках книги. Станешь беречь оставшиеся стулья. Если найдется доска, ты с большей вероятностью примешься играть в шахматы. Когда у нас что-то забирают, то, что у нас остается, обретает большую ценность. Оно становится не только более заметным, но и более значимым. Теряя в количестве, мы обретаем в качестве.

Несколько «не»

Не завидуй тому, чего не хочешь всей душой.

Не прислушивайся к критике, исходящей от человека, к которому ты не пошел бы за советом.

Не бойся пропускать вечеринки, с которых тебе все равно захотелось бы уйти.

Не переживай, если ты не похож на других. Будь своим сам себе.

Не спорь с тем, кто никогда тебя не поймет.

Не думай, что кто-то по-настоящему понял жизнь.

Не обманывайся — никакие деньги, никакой успех или слава не способны защитить тебя от боли.

Не думай, что внешность, работа или отношения могут гарантировать тебе счастье.

Не говори «да», если тебе не хватает духу сказать «нет».

Никогда не переживай.

Основание

Отношения с другими людьми важны. Но нет смысла пытаться стать другим человеком, чтобы найти друзей. Чтобы найти того, кому ты понравишься, необходимо прежде всего быть *самим собой*.

Камнеломка супротивнолистная

Камнеломка супротивнолистная — самое живучее растение в мире. Его цветки на вид очень хрупки; фиолетовые лепестки, кажется, способен сорвать малейший порыв ветра, и все же это растение растет в Арктике. Эти цветы выживают, прижимаясь друг к другу у самой земли и защищая друг друга от самых жестоких внешних условий на нашей планете.

Связаны

Мы влияем друг на друга. Все мы связаны между собой на множестве зримых и незримых уровней. Возможно, это объясняет, почему один из самых простых и быстрых способов обрести счастье — это осчастливить кого-то другого. Чистый альтруизм растет из эгоизма. Ничто так не радует нас, как возможность не думать о *себе*.

Недавно я кое-что понял

Я люблю спокойствие. Неспешность. Когда ничего не происходит. Синее небо. Чистый воздух. Пение птиц вместо шума машин. Шаги в одиночестве. Дерзко распускающиеся по весне цветы. Раньше тихие уголки казались мне мертвыми. Теперь же я вижу в них жизнь. Словно склонишь голову к земле — и слушаешь сердцебиение мира.

Груша

Движение вперед — это прекрасно. Но нам нужно и движение вбок. Я, к примеру, только что сел и съел грушу. Я понятия не имею, что уготовано мне судьбой, но я безмерно ей благодарен за то, что жив и имею возможность сесть на диван и съесть грушу.

Тост

Постоянно искать смысл в жизни — это все равно что искать смысл в тосте. Иногда лучше этот тост просто взять и съесть.

Хумус

Иногда кулинария успокаивает. Но лучшая терапия лично для меня — такая кулинария, когда не нужно именно *готовить*. Когда рецепт настолько прост, что весь процесс сводится к правильному смешиванию нужных ингредиентов. Эдакая продуктовая сходка. Буквальное месиво. И больше всего мне нравится не-готовить хумус. Хумус — сам по себе еда успокаивающая; вероятно, именно поэтому, выйдя за пределы Ближнего Востока, он очень быстро распространился по всему миру. Я и сам не могу толком определить для себя, что в нем такого умиротворяющего. Йотам Оттоленги утверждал, что хумус как бы «эмоционально заряжен» и что именно он повинен в ряде конфликтов на Ближнем Востоке. Каким-то образом, он воспринимается как *нечто большее, чем просто* еда. Некий «соус по умолчанию». Кулинарный кислород. Мне сложно даже представить себе мир без хумуса. То есть, можно, конечно, но как-то грустно. Я уже много лет делаю себе хумус с различными вариациями, но свой любимый рецепт открыл для себя совсем недавно.

Из ингредиентов: возьми две банки нута, большую ложку тахини, чеснока (предпочтительно в количестве, близком к неразумному), плесни пару раз из бутылки оливкового масла, выдави один лимон, прибавь воды для оптимальной консистенции и дополни все это щепоткой зиры, кайенского перца и соли. Смешай в блендере. Подавай с дополнительными порциями зиры и масла. Возьми хлеба, желательно свежего и еще теплого. Оливковые булочки, пита — все сгодится. Оторви, макни — и наслаждайся.

Из леса всегда есть выход

Я довольно много думал о надежде. В последние годы еще и часто писал о ней. Прежде я цеплялся за надежду, как утопающий за соломинку. На третьем десятке у меня случился нервный срыв. Смесь тяжелой депрессии и панического расстройства засосала меня настолько глубоко, что целых три года своей жизни я провел, отчаянно желая умереть. В таком состоянии тяжело взрастить в себе надежду, но каким-то образом мне все же хватило ее, чтобы найти в себе силы смотреть в светлое будущее и жить дальше.

Надежда в наше время — товар дефицитный. Пандемии, жестокость и несправедливость на каждом шагу, политические волнения и вопиющее неравенство — все это способно очень основательно истощить наши резервы. Однако надежда крайне живуча. Она способна оставаться с нами даже в самые смутные времена.

Надежда — не то же самое, что счастье. Чтобы надеяться, вовсе не обязательно быть счастливым.

Тут нужно скорее принять неясность будущего и осознать, что есть варианты этого будущего, гораздо более приятные, чем наше настоящее. Надежда, если говорить максимально коротко и общо, — это принятие перспектив.

Принятие того, что, если мы вдруг заблудимся в лесу, выход из этого леса всегда найдется.

Нам нужен только план и немного решимости.

Пицца

Небо не станет красивее оттого, что у тебя идеальная кожа. Музыка не станет звучать интереснее, если у тебя накачанный пресс с кубиками. Собака не станет более приятной компанией, если в один прекрасный день ты проснешься знаменитым. Пицца вкусна вне зависимости от твоей должности. Лучшее, что есть в жизни, вовсе не связано с тем, к чему нас учат стремиться.

Небольшой план

Быть любопытным. Больше гулять. Ложиться спать вовремя. Пить побольше воды. Дышать диафрагмой. Питаться с удовольствием. Сформировать комфортный режим жизни. Быть добрее. Смириться с тем, что нравишься не всем. Ценить тех, кто тебя любит. Не стремиться к рамкам и определениям. Разрешать себе иногда делать ошибки. Желать того, что уже имеешь. Научиться говорить «нет» тому, что мешает тебе жить. И говорить «да» тому, что помогает.

Лестницы

Часто нам внушают, что жизнь — это один большой подъем в гору. Мы вечно говорим о лестницах, совершенно бездумно. Карьерные лестницы. Лестницы покупательной способности. Верхняя ступенька лестницы. Нижняя ступенька лестницы. Мы говорим о движении по лестнице. О подъеме. О трудностях, которые приходится преодолевать на пути. Мы представляем жизнь как вертикальную гонку, в которой люди-небоскребы тянутся ввысь, стараясь опередить друг друга. При этом нам хватает духу посмотреть вверх, в будущее, или вниз, в прошлое, но никогда — оглянуться на бесконечные горизонтальные просторы настоящего. Беда лестниц в том, что с них не сойти в сторону. Можно только упасть.

Жизнь — не

лестница, по которой нужно взбираться

головоломка, которую нужно разгадать

ключ, который нужно найти

место назначения, до которого нужно добраться

проблема, которую нужно решить

Жизнь

можно понять, лишь обернувшись назад,
но прожить ее можно, лишь глядя вперед.

Сёрен Кьеркегор

Моя формула для величия человека
есть amor fati: не хотеть ничего другого
ни впереди, ни позади, ни во веки вечные.
Не только переносить необходимость,
но и не скрывать ее — всякий идеализм
есть ложь перед необходимостью,—
любить ее...*

Фридрих Ницше

* Пер. Ю. Антоновского.

Глава

Нет никакого смысла тратить всю жизнь на попытки обрести любовь, которой тебе так остро порой не хватает. Иногда стоит просто отпустить прошлое и начать собственную историю. Подари любовь самому себе. Прошлое не изменить. Других людей не изменить. Но можно изменить себя. Рассказчик в этой истории — ты сам. Начни новую главу.

Комната

Представь, будто ты по-настоящему, полностью себя простил. За все недостигнутые цели. За все совершенные ошибки. Вместо того, чтобы запирать все эти промашки внутри себя, давая им тебя ограничивать и заставлять тебя наступать раз за разом на одни и те же грабли, представь, будто твое прошлое пронизывает твое настоящее и улетает прочь, как свежий воздух, проникающий через окно в комнату. Просто представь.

Нет

Нет.
Нет, я не хочу.
Нет, я не хочу писать статью бесплатно.
Нет, во вторник без меня.
Нет, я не хочу еще по стаканчику.
Нет, вообще-то я с тобой не согласен.
Нет, я не могу просто так взять и забить.
Нет, я не повел себя грубо, не ответив
на сообщение, которого в глаза не видел.
Нет, я не хочу вас обидеть, но мне бы
не хотелось работать с вами.
Нет, я не огрубляю.
Нет, в июле я не смогу.
Нет, мне не нужна ваша листовка.
Нет, я не хочу дальше это смотреть.
Нет, моя вежливость не является признаком
моей слабости.
Нет, они не новые «Битлз».
Нет, я не собираюсь терпеть это дерьмо.

Нет, то, что я мужчина, не означает, что мне
нельзя плакать.
Нет, мне не нужны ваши товары.
Нет, мне не стыдно за то, что я выделяю себе
личное время.
Нет, я не пойду на встречу выпускников,
которые в школе со мной даже
не разговаривали.
Нет, я больше не стану извиняться за то,
что я тот, кто я есть.
Нет.

«Нет» — хорошее слово. Оно позволяет не сойти с ума. В нашу эпоху постоянных перегрузок «нет» на самом деле значит «да». «Да» личному пространству, необходимому нам для жизни.

Будь скромен, ибо ты сделан из земли.
Будь благороден, ибо ты сделан из звезд.

Сербская пословица

Лабиринт

Редко получается выбраться из лабиринта с первой попытки. Оказавшись в нем, спастись, идя тем же путем, которым ты заблудился, не получится. Из лабиринта можно выйти, только исследуя новые маршруты. Попадая раз за разом в тупик, мы не расстраиваемся. Мы даже радуемся полученной информации. Тут тупик — сюда больше не пойдем. Каждый такой тупик помогает нам в итоге выбраться наружу. Чтобы найти верный путь, полезно бывает сначала попробовать несколько неправильных.

Знание и лес

«Знай своего врага». В своем классическом китайском военном трактате «Искусство войны» Сунь-цзы дал потомкам совет, которые прошел сквозь века до наших дней.

Этот совет не устарел ни на йоту, потому что он применим, конечно же, не только к войне. Полное и глубокое понимание, скажем, депрессии, или физиологического недуга, или, к примеру, феномена глобального потепления, или концепции несправедливости, помогает нам бороться с этими вещами. Без понимания устройства проблем нам с ними не справиться.

Например, оказавшись внезапно посреди джунглей Амазонки, среднестатистический человек вряд ли сможет выжить, потому что не осведомлен об угрозах, которые его поджидают. Но Джулиана Кёпке не была среднестатистическим человеком. Она обладала знанием.

В канун Рождества 1971 года в возрасте семнадцати лет Кёпке, пристегнутая к своему креслу, падала с небес где-то над Перу — в ее самолет ударила молния. На борту был еще 91 человек, включая ее мать — никто, кроме Кёпке, не выжил. Она же сумела пережить падение и отстегнуться от своего кресла, застрявшего в кронах деревьев.

Кёпке было больно. Она находилась в состоянии шока. У нее была сломана ключица, ноги глубоко изранены. Она безумно боялась за собственную жизнь. При виде трупов остальных пассажиров она «оцепенела от паники». Отыскав в обломках немного съестного, она отправилась на поиски цивилизации.

Кёпке знала много интересного о джунглях. Ее родители были зоологами. Перед катастрофой она почти год провела вместе с ними на научно-исследовательской станции в джунглях Перу. По ее собственным словам, она знала, что для тех, кто хорошо понимает джунгли, они вовсе не являются «зеленым адом», каким его часто считают.

К примеру, она знала, что некоторые змеи маскируются под сухие листья. Она знала голоса различных птиц. Знала, на что обращать внимание, когда искала воду, и в итоге обнаружила небольшой ручей. Отец когда-то сказал ей, что если идти по течению реки, рано или поздно обязательно наткнешься на поселение.

В своей книге «Когда я упала с неба» Кёпке описала, как по дороге ей попадались лакомившиеся трупами стервятники. Змеи, москиты и смертельно опасные пауки не давали девушке расслабиться ни на секунду. В одном из порезов на коже завелись личинки. Она постоянно страдала от неимоверной жары под палящими лучами солнца. Но ей помогали знания.

Она решила преодолеть как можно большую часть пути по реке, чтобы избежать столкновения со змеями, пауками и ядовитыми растениями, устилавшими почву. Кёпке старалась держаться середины русла, поскольку знала, что пираньи предпочитают мелководье. Она понимала, что таким образом повышает риск столкнуться с аллигаторами, но также знала, что, в отличие от змей, аллигаторы редко нападают на людей.

Она шла все дальше и дальше, невзирая на усиливающуюся боль в зараженной ране. Еда кончилась. От изможденния она впала в странное полуотстраненное состояние. И все же она не сдавалась, помня о словах, которые услышала когда-то от отца: «Если по-настоящему настроиться на то, чтобы чего-то добиться,— в итоге все обязательно получится. Нужно всего лишь действительно этого захотеть, Джулиана».

Постоянно озираясь по сторонам, она в конце концов приметила тропинку в зарослях и двинулась по ней. Тропа привела ее к заброшенной лачуге, возле которой нашелся литр бензина. Ее учили, что в чрезвычайной ситуации бензин можно использовать в качестве (крайне болезненного) средства для дезинфекции открытых ран, и она воспользовалась этим знанием.

В итоге на одиннадцатый день она услышала голоса и встретила жившего в джунглях мужчину, который отвез ее на лодке обратно в лоно цивилизации. На следующий день после спасения она встретилась с отцом.

История Кёпке в итоге легла в основу документального фильма «Крылья надежды» Вернера Херцога, который сам когда-то должен был сесть на тот злополучный рейс. Джулиана получила диплом по биологии и пошла по стопам родителей, став зоологом. В настоящее время она работает библиотекарем в Баварской государственной зоологической коллекции в Мюнхене.

Конечно, вероятность оказаться посреди джунглей Амазонки в результате авиакатастрофы невелика. Однако, заблудившись в тернистых дебрях нашей собственной жизни, мы должны помнить, что надо как следует изучить обстановку. Стойко переносить ранения и остерегаться метафорических змей, затаившихся в густых зарослях, отбросив невежество и отрицание реальности и вооружившись самосознанием.

Разум и окна

С самосознанием все не так просто. Не всегда стоит доверять собственному разуму. Иногда он лжет нам, извращает суть происходящего или не дает увидеть полной картины. Он способен убедить тебя в том, что ты ужасный человек.

Наш разум реален как таковой; в том же смысле, в каком окно — реально как, собственно, окно. Реальность окна сама по себе не означает, что происходящее снаружи видно нам сквозь него полностью, во всех аспектах. Иногда стекло может быть грязным, замутненным или залитым дождем, а иногда вид загорожен припаркованным снаружи здоровенным грузовиком. Окно и само по себе способно исказить вид на улицу. К примеру, если смотреть наружу исключительно через красное стекло, мир вокруг может показаться красным и угрожающим, словно пустынная поверхность Марса. Даже если на деле там раскинулись зеленые поля.

Парадокс

Один психотерапевт как-то сказал мне, что его пациенты чаще всего жалуются на отсутствие чувства принадлежности. На то, что они чувствуют себя самозванцами, не вписываются в обстановку. Что им тяжело налаживать отношения с другими людьми. Я вижу в этих проблемах некое парадоксальное утешение. Подумать только: одно из самых распространенных чувств, роднящих нас друг с другом,— это ощущение неспособности породниться друг с другом. В сущности, это утешает — когда мы чувствуем себя чужими и одинокими, мы становимся в этом схожи с огромным количеством людей. Нет ничего более массового, чем одиночество.

Перекрестки

Иногда, принимая то или иное решение, мы ощущаем необходимость поторопиться с выбором. Если подумать, само слово «решительно» часто используется в качестве синонима «быстро». Однако, оказавшись на перекрестке, часто стоит остановиться и в свете фонарей свериться с картой. Все же движение — не всегда прогресс, особенно если двигаться не в том направлении.

Счастье

Счастье наступает, когда забываешь, каким ты должен быть и как должен поступать по мнению окружающих. Счастье — это случайность самопринятия. Легкий теплый ветерок, который встречает тебя, когда открываешь дверь к самому себе.

Когда одна дверь счастья закрывается,
открывается другая; однако зачастую мы так
пристально всматриваемся в закрытую,
что не видим той, что открылась.

Хелен Келлер, *«Мы обездоленные»*

Нечто прекрасное

Ежедневно испытывай что-нибудь прекрасное. Пусть мелкое. Пусть привычное. Прочти стихотворение. Сыграй свою любимую песню. Посмейся вместе с другом. Понаблюдай за тем, как закатное солнце бросает последние лучи на уходящую в ночь землю. Посмотри какой-нибудь культовый фильм. Съешь кусочек лимонного пирога. Сделай что угодно. Подари себе простое напоминание о том, что мир полон удивительного. Даже в те жизненные периоды, когда мы, кажется, вообще не способны чему-либо радоваться, все равно полезно напоминать себе о том, что в мире есть множество замечательных вещей, которыми и мы однажды сможем насладиться — дайте только срок.

Рост

В самые тяжелые периоды нашей жизни мы растем. Рост — это изменение. Когда у нас все хорошо — изменения ни к чему. Самые болезненные переживания расширяют нас. Когда уходит боль, на ее месте остается пространство. Пространство, которое можно заполнить самой жизнью.

Паста

Не существует такой идеальной внешности, ради которой стоило бы отказаться от пасты.

Быть случайным

В поисках обоснований дикой случайности, в результате которой я существую, я часто задумываюсь о предыдущих поколениях моей семьи. О бабушке по линии отца, которая в тридцатых годах изучала искусствоведение в Центральном колледже искусства и дизайна имени Святого Мартина. В рамках программы она поехала на год в художественный колледж в Вене. Именно там в 1938 году ее застала новость о том, что Гитлер аннексировал Австрию и включил ее в состав нацистской Германии. Моя бабушка была еврейкой. Сразу за аннексией — Аншлюсом — тут же последовали гонения на евреев. Их гнали по улицам, заставляли отмывать стены от надписей и публично унижали. Бабушке удалось спастись — она успела на последний поезд, уходивший во Францию. Если верить семейным байкам, попасть на него ей удалось лишь путем заигрываний с дежурным охранником-нацистом на станции. Она была тогда еще, считай, подростком. Затем, когда началась война, бабушка, именно из-за того, что лично стала свидетельницей ужасов нацизма, пошла добровольцем в медсестры и в итоге влюбилась в дедушку, попавшего к ней с ожогами, полученными в одном из сражений в ходе блицкрига.

У них было трое детей. Одним из них был мой отец, бросивший в 1960-х учебу в Оксфорде и поступивший вместо этого в Шеффилдский университет на архитектора. Там он встретил мою мать, оставившую, в свою очередь, театральное училище в Бостоне и поступившую в педагогический колледж в Саут-Йоркшире. Мама, которую бросили в детстве по непонятным по сей день причинам, выросла у приемных родителей на ферме в Девоне, в сотнях миль от отчего дома папы в Суссексе. Впервые их пути пересеклись лишь в тот день в 1969 году, когда они оба оказались одновременно в пабе «Голова королевы» в Шеффилде.

История не особенно примечательная. Точнее, не более и не менее примечательная, чем любая другая семейная история. Мы все появляемся на свет в результате случайного стечения обстоятельств. Мы существуем благодаря неопределенности мироздания. Благодаря шансам, стремящимся к нулю. И все же мы существуем. Так что если тебе кажется, что твои шансы на успех крайне малы, помни, что когда-то тебя вообще не было, и шансы были несравнимо меньше. Но вот ты, вот все мы — существуем.

Будущее открыто

Чтобы надеяться, не обязательно видеть будущее. Достаточно всего лишь осознать концепцию возможностей. Понять, что вся суть будущего как раз и заключается в его непознаваемости и что существуют его версии, куда более благоприятные и светлые, чем настоящее. Будущее открыто.

Быть, а не делать

Не нужно выбиваться из сил, пытаясь определить свою цену. Ты не устаревший айфон, который пора обновить. Твоя ценность не определяется твоей продуктивностью, физической формой, телосложением или чем-то, что теряется в отсутствие активности. Ценность человека — не макароны, которые необходимо регулярно помешивать. Она статична. Она у нас внутри от природы. «Делать» тут ни при чем, все дело в «быть».

Коротко

Жизнь коротка. Будь добрее.

Арахисовое масло на тосте

Вам понадобится:

два ломтя хлеба,

банка арахисового масла.

Способ приготовления:

1. Поместите ломтики хлеба в тостер.

2. Подождите минуту или две. Выньте хлеб из тостера и переместите на тарелку.

3. При помощи ножа щедро размажьте арахисовое масло по одной из сторон тоста. Старайтесь вести нож по поверхности тоста в одном и том же направлении. Не знаю почему — так приятнее.

4. Не торопитесь. Настройте себя на удовольствие, перемещая нож медленно, как будто практикуете тай-чи. Отнеситесь к происходящему вдумчиво, как к религиозному ритуалу.

5. Возьмите тарелку с тостом и переставьте ее к своему любимому месту за столом. Сядьте. Соберитесь. Прочувствуйте как следует, насколько

прекрасно быть разумным существом. Осознавать, что вы не просто живой человек — вы живой человек, который вот-вот вкусит *тост с арахисовым маслом.*

6. Прикройте глаза и откусите первый кусочек. Позвольте всем своим тревогам уплыть прочь, снимите их с якоря и наслаждайтесь этим живым мгновением вкуса и удовольствия.

7. Практика показывает, что, если вам вот совсем не нравится арахисовое масло, данный ритуал внимательной благодарности работает также и с вареньем.

Часть вторая

Освободи свой разум, стань аморфным.
Бесформенным, словно вода. Если налить воду
в чашку — вода станет чашкой.
Если налить ее в бутылку — она станет бутылкой.
Если налить в чайник —
она станет чайником. Вода может течь, а может
сокрушать. Будь водой, друг мой.

Брюс Ли

Река

Люди часто говорят о потоках. Производственные потоки. Музыкальные потоки. Течение энергии в теле человека, практикующего йогу. Течение жизни. Когда мы в стрессе, нам частенько советуют «плыть по течению». Что это вообще значит? В своем романе «Сиддхартха», повествующем о пути духовного становления одного человека, Герман Гессе написал так: «...каждое мгновение река находится повсюду...» Река и впрямь занимает ключевое место в сюжете книги. Главный герой — собственно, сам Сиддхартха — намеревается прожить всю жизнь у реки, вдохновляющей его на духовные поиски. Голоса из реки учат его принятию и духовности. В какой-то момент, оказавшись на грани самоубийства, он погружается в глубокий сон, из которого его пробуждает мягкий голос реки, спасает его и помогает ему открыть в себе прежде неизвестную духовную сторону. Потом река учит его, что время — это иллюзия, и что все печали и горести есть лишь часть всеобъемлющего единства природы. Отдельные события не имеют значения *сами по себе*, но вместе они складываются в общую суть, понять которую можно лишь целиком. Всему этому его учит река.

В моем понимании вся суть течения жизни заключается в принятии всех вещей как части чего-то большего. В принятии каждой молекулы воды как части реки. Это утешает меня в моменты терзаний и страданий.

Боль эгоистична. Она требует безраздельного внимания. Однако каждое мгновение — есть часть большего. Каждая секунда — это новый штрих на холсте — скажем, пейзажа с рекой — и если посмотреть на него с небольшого расстояния, он будет казаться красивым. Мне бывало настолько больно, что хотелось все оборвать одним махом. Но теперь, на расстоянии, эта боль видится как полутень, подчеркивающая свет.

Дамба

Пускай текут. Все эти невысказанные мысли. Все подавленные эмоции. Все недооцененные трудности. Все постыдные секреты. Все болезненные воспоминания. Все потайные места где-то в подсознании. Все неловкие истины. Все необработанные раны. Все неудобные идеи. Все эти подспудные чаяния и подавленные желания — вся эта вода, застаивающаяся на дамбе. Не давай давлению расти. Не жди, пока вода прорвет дамбу, выпусти ее на волю. Пусть течет. Пусть течет. Пусть течет.

Все течет, все меняется.
И никто не был дважды в одной реке.
Ибо через миг и река была не та,
и сам он уже не тот*.

Гераклит Эфесский

---

* Пер. С. Муравьева.

Элементы надежды

Земля, вода, огонь, воздух.

Все в мире связано.

Каждая сущность во вселенной соотносится с каждой другой сущностью.

«Нельзя утверждать, что А сделано из Б или наоборот,— сказал когда-то физик Ричард Фейнман.— Любая масса — это взаимодействие». Возможно, если это верно в отношении материи, то это верно и в отношении психологии, эмоциональной составляющей. Боль связана временем с удовольствием. Приятное настоящее соединяется и связывается с болью и печалью, когда становится прошлым. Но точно так же, даже в глубочайшем отчаянии, знание о том, что настанут (или хотя бы могут настать) лучшие времена, способно помочь нам преодолеть депрессию. И подчас, даже в такие минуты отчаяния, само это отчаяние способно подарить нам удовольствие. Тут необходимо формулировать свои мысли предельно аккуратно, поскольку я и сам не до конца уверен, что понимаю этот феномен, но лично я был способен получать определенный вид удовольствия как бы изнутри своей депрессии. Я вовсе не пытаюсь преуменьшить ужасы депрессии, нет. Моя была крайне тяжелой и несла реальную угрозу для жизни, мне хотелось, чтобы все наконец закончилось, и я не знал, когда и как это произойдет. И все же, *все же*, несмотря на это — нет, *благодаря* этому, — каждое облегчение, каждое ощущение чего-то прекрасного казалось исключительно интенсивным. Ночное небо буквально пело — настолько красивым оно мне казалось. Каждое объятие, каждый поцелуй преисполнялся великим смыслом. Словно в такие момент сама жизнь вокруг меня ощущала разрушительную силу в моем сознании и пыталась побороть ее всевозможными чудесами.

Задумайся о том, что в теле каждого человека помимо огромного количества углерода, кислорода и водорода содержатся микроэлементы, такие как медь, цинк и золото. Если представить, что, как в случае с микроэлементами, можно замерить сумму всех негативных событий и ощущений в нашей жизни, мы бы обнаружили огромное количество таких эмоций как страх и отчаяние, но остаточные следы других чувств. Радость, надежду, любовь, счастье. В темноте даже самые крохотные огоньки светятся ярче — они способны привлечь к себе внимание и, возможно, указать нам путь домой.

Удали курсив

Я недостаточно *популярен.*

Я недостаточно *хорош.*

Я недостаточно *силен.*

Я недостаточно *любим.*

Я недостаточно *привлекателен.*

Я недостаточно *крут.*

Я недостаточно *сексуален.*

Я недостаточно *умен.*

Я недостаточно *забавен.*

Я недостаточно *образован.*

Я недостаточно *престижен.*

Я недостаточно *начитан.*

Я недостаточно *богат.*

Я недостаточно *шикарен.*

Я недостаточно *молод.*

Я недостаточно *крепок.*

Я недостаточно *повидал мир.*

Я недостаточно *талантлив.*

Я недостаточно *культурен.*

Я недостаточно *ухожен.*

Я недостаточно *худ.*

Я недостаточно *мускулист.*

Я недостаточно *известен.*

Я недостаточно *интересен.*

Я недостаточно *нужен.*

(Достаточно. Вполне достаточно.)

Советы на тему того, как спасти дурацкий день

Проснись. Умойся. Оденься. Встань. Пошевелись. Оставь свой телефон в другой комнате. Выйди на прогулку. Сделай зарядку. Закинь ноги на стену. Погрейся на солнышке, если его видно. Сходи, если это возможно, куда-нибудь, где зелено. Сад, парк, поле, поляна, лес. Некоторое время подыши медленно, глубоко и осознанно. Позвони любимому человеку. Если ты кому-то должен какое-то дело, но совсем не хочешь им заниматься — отмени. Прямо сейчас. Если можешь, приготовь себе чего-нибудь вкусного и сосредоточься на готовке. Готовка — лучший вид активной медитации. Избегай искусственного холодного света, особенно после заката. Позволяй себе думать о плохом — так эти мысли быстрее покинут твою голову. Посмотри что-нибудь любимое по телеку. Только перед этим реши точно, сколько времени проведешь у экрана и не пересиживай. Если ночь ясная — полюбуйся звездами, как делал это Марк Аврелий в период смуты почти две тысячи лет тому.

Ложись спать до полуночи. Но не старайся изо всех сил заснуть. Просто дай своему разуму впитать в себя минувший день и позволь всем страхам и сомнениям утекать сквозь него и дальше.

Самое главное богатство

В 1981 году выпускник кафедры философии американец Стивен Каллахэн провел семьдесят шесть дней посреди Атлантического океана. Он плыл на шлюпе «Наполеон-Соло», который сам спроектировал и сам же построил. Шел седьмой день его путешествия из Корнуолла в Антигуа.

В ту ночь был сильный шторм, и в его шлюп врезался кит. Судно моментально набрало воды и стало быстро тонуть. Каллахэн не только успел спастись на надувном плоту, но и сумел вдобавок, задерживая дыхание, пару раз нырнуть вслед за опускавшимся на дно шлюпом за предметами первой необходимости. Среди них был небольшой запас провизии, навигационные карты, фальшфейеры, гарпун и спальник.

После этого шлюп окончательно затонул, и Стивен оказался посреди океана. Он находился в тысяче с лишним километров к западу от Канарских островов, но течение уносило его в противоположную торону. Запасов еды и пресной воды у него было всего на пару дней.

Он рыбачил при помощи гарпуна и прогонял морскую воду через работавший на солнечной энергии опреснитель, испарявший, дистиллировавший, а затем фильтровавший жидкость. Несколько дней ушло у него только на то, чтобы заставить его работать как надо.

Много раз он обретал и вновь терял надежду. К примеру, на четырнадцатый день Стивен увидел на горизонте корабль и поджег фальшфейер в надежде на то, что его увидят, но этого так и не случилось. Позднее ему встречались и другие корабли, но экипаж ни одного из них так и не заметил молодого человека. Вскоре его унесло течением южнее морских путей. Жара становилась все более и более жестокой.

Мучения Стивена сложно себе даже представить. Голод. Жажда. Зной. Изъеденная солью кожа.

По его собственным воспоминаниям, мучения были еще и психологическими. И дело было не только в постоянной угрозе подвергнуться нападению акул, но и в его собственных мыслях.

«У меня образовалось много времени на то, чтобы поразмыслить о своей жизни — я тогда успел пожалеть о каждой совершенной мною когда-либо ошибке,— рассказал он в интервью газете "Guardian" в 2012 году.— Я был разведен, мне казалось, что я никчемный партнер, никчемный бизнесмен, а теперь еще и никчемный моряк. Но я отчаянно желал выжить и получить возможность наладить свою жизнь».

С момента кораблекрушения прошло уже пятьдесят дней, и ситуация казалось абсолютно безнадежной.

К тому моменту Стивен уже целую неделю только и занимался тем, что пытался поддерживать на плаву давший течь плот при помощи помпы, и силы у него были на исходе. У него случилась истерика, но в итоге он все же нашел в себе силы собрать волю в кулак и придумать способ на время подлатать плот.

Затем у него сломался опреснитель. Разумом он понимал, что умрет, поскольку теперь у него оставалось лишь три консервных банки питьевой воды. Он почувствовал, как вслед за истощенным телом постепенно начинает отключаться сознание. Он потерял уже треть своего прежнего веса. Больше у него ничего не было. Светоотражатели и фальшфейеры так и не привлекли ничьего внимания — спасать Стивена было некому.

«Я словно ощущал вокруг себя присутствие всех, кто когда-либо сгинул в пучине».

В какой-то момент он выбросил в море рыбьи потроха, на которые тут же налетели чайки и стали кружить над шлюпкой.

Они привлекли внимание рыбаков с архипелага Гваделупа. На семьдесят шестой день бедствия они нашли Каллахэна и забрали его с собой на берег, а потом отвезли в больницу, где он вскоре пошел на поправку.

Несмотря на ужас произошедшего и то, что он чудом остался в живых, Стивен вовсе не сожалеет о том, что ему пришлось через все это пройти. И, к слову, его страсти к мореходству кораблекрушение так и не уняло.

В своей книге «В дрейфе: Семьдесят шесть дней в плену у моря» он написал, что с тех пор отбросил всякие сожаления о своей жизни и научился благодарности. «Это несчастье подарило мне очень необычное богатство, самое важное из всех, какие только бывают. Теперь я дорожу каждой секундой своей жизни, проходящей без боли, отчаяния, голода, жажды и одиночества».

Но еще более примечательно в его мемуарах описание прекрасного, которое он созерцал непосредственно во время этого тяжкого испытания. Зрелище ясного, звездного ночного неба потрясло его тогда до глубины души. «Сидя в преисподней, я наблюдаю райское зрелище»*.

---

* Пер. А. Андреева.

Нет ничего сильнее крохотного, но упрямого лучика надежды.

Нет ничего сильнее крохотного, но упрямого лучика надежды.

Нет ничего сильнее крохотного, но упрямого лучика надежды.

Все случится с тобой: совершенство и ужас.
Нужно только идти: а чувства — все тут они.

Райнер Мария Рильке, *«Книга часов»* *

---

* Пер. А. Прокопьева.

Напоминание на случай тягот

Однажды все закончится. И мы будем благодарны жизни так, как никогда не предполагали прежде.

Золотистая зубатая барабуля

Золотистая зубатая барабуля — это красивая рыбка золотого окраса, на которую охотятся все кому не лень — хищники и люди. Размером и повадками она напоминает красную кефаль и обитает в водах Гавайских островов. Некоторое время назад местные дайверы стали встречать в тех морях очень похожую рыбу точно такого же золотисто-желтого окраса, но значительно большего размера. Однако, стоило им приблизиться, как рыбина рассыпалась на десяток или чуть меньше барабуль обычного размера. Оказывается, ощущая угрозу, эти рыбки сбиваются в стайку и плывут, изображая одну большую рыбу. И это лишь один из миллиона подобных примеров того, как точно такие же живые существа, как и мы, люди, справляются с собственной уязвимостью, собираясь вместе и плывя дальше, как единое существо.

Люди тоже способны спасать друг друга. Ежегодные ожесточенные бои за права человека, очередные катастрофы и пандемии — все они показывают, как тесно люди способны сплачиваться в кризисных ситуациях. Как сосед спасает соседа. Друг — друга. Союзник — союзника. У нас есть *мы.* Сплоченность — это один из базовых принципов в природе.

Дождь

Не обязательно всегда быть жизнерадостным. Не нужно стыдиться собственных страхов, горя или злости. Дождь приказом не прекратить. Пускай льет себе, пускай ты промокнешь до последней нитки. Дождь никогда не длится вечно. И помни: насколько бы сильно ты ни промок, ты — не дождь. Ты — не дурные мысли и эмоции у тебя в голове. Ты — человек, *попавший* в непогоду. Буря может сбить тебя с ног. Но ты встанешь. Просто держись крепче.

Истина, храбрость и Карл Генрих Ульрихс

«Будь собой» — это, вероятно, самый повторяемый совет на планете, однако ему далеко не всегда просто — или даже вообще возможно — последовать. Представь себе, что твоя половая идентичность или сексуальная ориентация становится предметом всеобщего возмущения и порицания. Представь, к примеру, себя обыкновенным подростком, живущим в Германии в 1830-е годы, четко сознающим, что его привлекают исключительно мужчины. Возможно, ты попытался бы скрыть это влечение, подавить его или откреститься от него. Во всяком случае, ты вряд ли рассказал бы о таком своей семье. Вот и Карл Генрих Ульрихс вплоть до 1862 года, когда ему было уже за тридцать, тянул с этим и не рассказывал своим родителям, что он — *Ураниец* (термин, который он сам для себя выдумал, взяв за основу «Пир» Платона), и что его привлекают мужчины. Но в итоге все же рассказал, а затем пошел еще дальше — он начал писать о необходимости культурных реформаций в вопросах сексуальности. Вначале он писал анонимно, а позднее начал открыто подписываться своим именем. Его труды, в которых он подчеркивал необходимость научного подхода в изучении гомосексуальности, постоянно доставляли ему проблемы с законом, но он все продолжал писать. В какой-то момент он предстал перед Конгрессом немецких юристов в Мюнхене, где потребовал отменить ряд антигомосексуалистских законов, несмотря на перекрикивания.

Признанному ныне в качестве одной из важнейших фигур в истории движения за права гомосексуалистов Ульрихсу пришлось нелегко. Его теории и выступления, даже сама его личность вызывала ярый гнев многих. Его книги были объявлены вне закона и подлежали конфискации полицией в Саксонии, в Берлине и по всей Пруссии. И все же его дух не был сломлен, и он продолжал писать (кстати, не только о правах геев — в какой-то момент его посадили за решетку за критику власти в Пруссии после аннексии Ганновера). Позднее у него начались проблемы со здоровьем, и он переехал на юг, в Италию, где пошел на поправку и продолжил писать и издаваться за собственный счет.

Его влияние на общество неоспоримо. Профессор Роберт Бичи называл его первым в истории человеком, публично совершившим каминг-аут. По всей Германии ныне множество улиц носят его имя. Международная ассоциация лесбиянок, геев, бисексуалов, транс- и интерсекс-людей учредила названную в его честь награду.

Несмотря на огромную цену, которую Ульрихс заплатил за свои убеждения, абсолютно ясно, что он вовсе не сожалел о своих особенностях. Ему не требовалась случившаяся лишь через много лет после его смерти реабилитация в глазах общества, чтобы осознавать, что его дело — правое, и что он не напрасно заступался за людей, отверженных и осмеянных за то, какими они родились. «До самой своей смерти,— писал он в конце жизни,— я буду оглядываться назад с чувством гордости за то, что нашел в себе храбрость вступить в бой с призраком, с незапамятных времен отравлявшим существование таким людям, как я. Многие покончили с собой, потому что все счастье в их жизни было омрачено, испоганено этим ядом. В самом деле, я горжусь тем, что нашел в себе мужество нанести первый удар по гидре общественного презрения».

Важно помнить о том, что, несмотря на то, что даже в нашем веке все еще находятся люди, готовые клеймить и порицать других людей и убеждения, которые им непонятны, встречаются и такие люди, как Ульрихс,— готовые встать и быть самими собой, невзирая на возможные последствия. И в этом осознании кроется источник великого вдохновения и утешения для всех, кто чувствует себя отверженным, гонимым или родившимся не в то время.

Листай свое сознание

Социальные сети иногда становятся для нас своеобразной выставкой жизней, которыми живем не мы. Диет, которым следуем не мы. Вечеринок, на которые ходим не мы. Отпусков, которые не про нашу честь. Веселья, которого нам не видать. Так что иногда полезно сделать перерыв и вместо ленты полистать свое собственное сознание, найти в нем причины для гордости за то, что ты — это ты. Единственный реальный страх что-то пропустить — это страх пропустить себя самого.

Текущее

Несмотря на то, что я в целом оправился от депрессии, эту дверь невозможно захлопнуть до конца — она всегда чуть приоткрыта. Иногда я чувствую словно легчайшие, едва заметные дуновения, которые просачиваются через эту щель. Они не видны, но ощутимы. Я научился спокойно принимать их, но на это ушло немало времени. Бинарная схема «болен — здоров», которой я придерживался в молодости, диктовала, что ты можешь находиться в любой определенный момент времени либо в одном, либо в другом состоянии. Это убеждение оказалось крайне опасным — каждый раз, стоило мне почувствовать себя хоть чуточку нездоровым, меня тут же захлестывало беспокойство и депрессия по поводу рецидива болезни. Этакое самоисполняющееся пророчество. Я болел, потому что считал себя больным.

Реальность же такова, что в вопросах здоровья, особенно душевного, ситуация всегда многогранна — не совсем одно и не до конца другое. Мы выдумали тысячу разных названий для легких и тяжелых недугов, однако в реальности здоровье — это не банка, на которую можно наклеить одну этикетку, объявить название содержимого, и это будет навсегда. Психическое здоровье — это не чердак, который можно раз и навсегда разобрать и очистить от мусора. Ему требуется постоянный уход, как за садом — за ним следует следить и не запускать его, покуда мы живы.

В этом есть одновременно и печаль, и утешение. Печаль в том, что нам приходится принять тот факт, что негативные эмоции и воспоминания всегда способны вернуться. А утешение — в том, что мы знаем: стоит им вернуться, мы уже будем к ним готовы и сможем принять их преходящую и изменчивую природу.

Мы можем всю жизнь плыть против течения, борясь с потоком, а можем дать нашим мыслям течь, куда им вздумается, и стать свободной, неопределенной рекой.

Хорошая грусть

У тебя когда-нибудь бывают приступы такой легкой грусти, которая ощущается почти приятно? Ностальгия по ушедшему прошлому или скорбь по украденному будущему, которая сама по себе негативна, но в то же время она напоминает тебе о самом факте того, что в нашей жизни подчас случаются такие теплые моменты? О том, что у тебя все это было?

(У меня вот бывает.)

О «Челюстях» и Ницше, о смерти и о жизни

Мы существуем, а затем исчезаем. Нет ничего постыдного в том, чтобы этого бояться. На самом деле, этот страх может быть даже полезен. Антрополог Эрнест Беккер писал: «Жить полноценно — значит жить с осознанием грохота террора, который лежит в основе всего». Страха вообще не следует стыдиться. Однако страх смерти — это всего лишь очередная разновидность страха перед будущим, страха перед абстрактностью, которая неизбежно забирает у нас настоящее. Следовательно, средство для борьбы с этим страхом существует — оно находится прямо здесь, перед нами, прямо сейчас, и оно абсолютно реально.

Когда я был заперт в своей депрессии, я одинаково боялся и смерти, и жизни. Боялся боли жизни и исчезновения в смерти. Звучит как парадокс, но никогда в своей жизни я не боялся смерти так сильно, как на грани самоубийства. Причем все эти чувства казались мне самым тесным образом связанными. Противоположными гранями одной и той же сущности.

Страх усугубляется неуверенностью, а осознанный выбор помогает справиться с болью неуверенности и взять ее под контроль. На самом деле, получается как-то по-дурацки — я хотел умереть потому, что не хотел умирать.

Мне думается, что страх смерти, как и любой другой, становится тем сильнее, чем меньше мы о нем говорим и его обнажаем Любой страх становится сильнее, если мы его не видим. К примеру, люди совершенно незаслуженно боятся больших белых акул из-за фильма «Челюсти». Один из многих интересных фактов об этом знаменательном летнем блокбастере заключается в том, что впервые мы видим на экране саму акулу полностью только на двадцать второй минуте второго часа ленты, то есть когда фильм переваливает далеко за середину. Тому есть, конечно, до боли скучные практические причины — в основном тот факт, что в процессе съемок механическая модель акулы работала через раз — но сути самого феномена это не меняет: акула гораздо страшнее, когда ее не видно.

Осмелюсь сказать, что в отношении смерти все точно так же. Для большинства людей (особенно для нынешних представителей западной культуры) смерть — еще более невыносимо неприятный и неприемлемый предмет для обсуждения, чем секс. И все же именно она лежит в основе огромного множества наших самых глубоких переживаний.

Смерть — часть жизни. Она помогает нам *определить* само понятие жизни. Увеличивает ценность отпущенного нам времени и людей, с которыми мы его проводим. Тишина, которой кончается любая песня, столь же важна, как и сама композиция.

Или, как писал об этом Ницше: «Конец мелодии не ее цель, и тем не менее мелодия, не дойдя до конца, не достигнет и цели»*.

---

* Пер. А. Заболоцкой.

Под водой

Мы — там, где мы должны быть. Мы никогда не жили в прошлом. Прошлого нет. Будущего нет. Есть только череда событий в настоящем. Одного за другим. И несмотря на существование бесконечного количества разных техник медитации и онлайновых курсов, учащих нас «обживать настоящее», мы и так это делаем, без специальных усилий. Мы постоянно обживаем настоящее. «Вечность состоит из множества сейчас», как писала Эмили Дикинсон. Так что нам не требуется работать над тем, чтобы существовать «в моменте». Представляя себе наше будущее или скорбя по прошлому, мы не проживаем ни то, ни другое — мы находимся в настоящем и только в нем, потому что воспоминания и мечты реализовываются при помощи инструментов настоящего и в его контексте. На дворе всегда сегодняшний день. Вчера и завтра — тоже сегодня.

Однако, говоря об «обживании настоящего», мы, конечно же, имеем в виду нечто иное. Мы обсуждаем то, как нам по-настоящему *наслаждаться* настоящим, как освободиться от волнений и забот. Жить так, как, по нашим представлениям, умудряются жить другие животные — не страшась грядущего и не листая ленту в инстаграме до онемения пальцев. *Жить*. «Бросаться на каждую волну» и «находить вечность в каждом мгновении», как писал Генри Дэвид Торо. Звучит, если честно, так себе — немного утомительно и малость непрактично. В жизни хватает обыденных и непримечательных моментов. Стремление настолько глубоко погружаться в каждую секунду бытия может привести лишь к ощущению, что мы не справились еще с одной задачей. В моем случае ирония заключается в том, что ближе всего к нахождению вечности в каждом моменте я был, когда находился в состоянии суицидальной депрессии. В то время я как раз до боли осознавал свое существование «в моменте». Каждый момент длился целую вечность. Сутки превращались в целую жизнь. Волны жизни, на которые я бросался, топили меня. Я был под водой и не мог вдохнуть.

Я тогда отдал бы все за возможность не жить в моменте. Не замечать этого момента вовсе. Вместо осознанности достигнуть полной несознательности. Срезать дорогу к лучшему будущему или отправиться в поход назад в прошлое.

Так что лично для меня стремления «жить в моменте» недостаточно. Я хочу быть уверенным в том, что не сгину в этом моменте.

Ключевым препятствием на пути к обретению счастья в настоящем является тот факт, что многие из нас (включая меня) страдают перфекционизмом. Мы не можем просто так сидеть и нежиться в *существовании* из-за огромного количества незаконченных дел. У нас неотвеченные электронные письма, неоплаченные счета, недостигнутые цели. Как можно просто *быть*, если нужно так много *сделать*?

Самая труднодостижимая мечта — это стать свободным от переживаний по поводу нереализованных мечтаний. Смириться с этой незаконченностью и принять ее как естественное состояние человеческого бытия. Стать совершенными в несовершенстве. Сбросить оковы воспоминаний и амбиций, освободиться от постоянных сравнений себя с другими людьми и гипотетическими версиями самих себя и встречать каждое новое мгновение без задних мыслей. Существовать свободно, как само время.

Надеюсь, это письмо найдет вас в добром здравии

Надеюсь, это письмо найдет вас
 спокойным.
Надеюсь, это письмо найдет вас
 не переживающим из-за вашего переполненного
 почтового ящика.
Надеюсь, это письмо найдет вас
 в состоянии принять тот факт, что это письмо
 не так уж и важно во вселенском порядке
 вещей.
Надеюсь, это письмо найдет вас
 не переживающим из-за недоделанной работы.
Надеюсь, это письмо найдет вас
 стоящим под прекрасным небом, где ветер
 нежно гладит ваши волосы, как невидимая
 мама.
Надеюсь, это письмо найдет вас
 лежащим на пляже или, может, у озера.
Надеюсь, это письмо найдет вас
 щурящимся от лучей солнца.

Надеюсь, это письмо найдет вас
наслаждающимся потрясающе вкусным
виноградом.
Надеюсь, это письмо найдет вас
в добром здравии, но, знаете, даже если нет,
ничего страшного — у всех бывают тяжелые
дни.
Надеюсь, это письмо найдет вас
читающим прекрасные стихи или занятым чем-
то еще, не требующим от вас прямого ответа.
Надеюсь, это письмо найдет вас
как можно дальше от этого письма.

Заметка о будущем

Наши тревоги и комплексы (особенно, как мне кажется, на Западе) во многом сформированы нашей потребностью в беззаботном будущем. Разумеется, гарантий никаких. Будущее словно сидит с ручкой и отказывается подписать с нами такое соглашение.

Британский философ Алан Уотс, на которого оказала большое влияние восточная философия и духовность, напоминает нам, что будущее неизвестно нам по определению. «Если… мы не можем жить счастливо без точных познаний о будущем, значит, мы явно не адаптированы к жизни в конечном мире, в котором, несмотря на самые хорошо продуманные планы, все равно происходят несчастные случаи, а в конце всегда ожидает смерть». То есть, иными словами, если мы будем стремиться к счастью, требуя от будущего быть спокойным и безмятежным, то счастья нам не видать. Это все равно что перед плаванием требовать от моря полного штиля.

Внемли:

Твоя ценность не нуждается в подтверждении. Она не определяется тем, что ты, к примеру, усердно работаешь, много зарабатываешь, высоко прыгаешь, обладаешь накачанным прессом, владеешь собственным бизнесом. Тем, что ты добр, фотогеничен, ведешь телешоу или можешь сесть за фортепиано и безошибочно сыграть по памяти «К Элизе». У твоей ценности нет параметра «потому что». Тебя ровно столько, сколько должно быть. Ты — полная чаша. Ты стоишь себя самого, а этого всегда достаточно.

Десять вещей, которые не сделают тебя счастливее:

1. Желание быть кем-то, кем ты не являешься.
2. Желание изменить прошлое.
3. Вымещение боли на людях, которые тебе ее не причиняли.
4. Попытки отвлечься от боли при помощи чего-то, что вызывает еще большую боль.
5. Неспособность простить себя.
6. Ожидание понимания от других людей, неспособных понять даже самих себя.
7. Представление о счастье как о награде за выполнение всех дел.
8. Попытки контролировать что-либо в непредсказуемой вселенной.
9. Попытки избежать болезненных воспоминаний путем сопротивления безболезненному настоящему.
10. Убежденность в том, что ты обязан быть счастлив.

Следи за своей броней

Следи за тем, чтобы твоя эмоциональная броня защищала, но не была при это неподъемно тяжелой.

Ваша задача состоит в том, чтобы решить для себя, как вы собираетесь провести эту единственную драгоценную жизнь, которую вам выделили. Собираетесь ли вы потратить ее, пытаясь хорошо выглядеть и создавая видимость того, что вы властны над любыми обстоятельствами, или вы собираетесь попробовать ее на вкус, насладиться ею и узнать правду о том, кто вы есть на самом деле.

из речи Энн Ламотт на церемонии вручения дипломов в Калифорнийском университете в Беркли

Человек существующий

Твоя ценность — ты сам. Твое присутствие. Твоя ценность — она прямо перед тобой. Ценность не нужно *заслуживать*. Ее не получится *купить*. Ее не повышают ни *статус*, ни *популярность*, ни *упражнения для пресса* или *шикарный кухонный гарнитур*. Твоя ценность — в самом твоем существовании. Ты был рожден ценным, как любой ребенок, и эта ценность никуда не денется просто потому, что ты стал чуть старше. Ты — человек существующий.

Ты водонепроницаем

Научиться мокнуть и радоваться этому гораздо проще, чем научиться останавливать дождь.

Часть третья

Каждый из нас рождается
с коробкой спичек внутри*.

Лаура Эскивель,
«Шоколад на крутом кипятке»

---

* Пер. П. Грушко.

Свеча

Когда вокруг сгущается тьма, мы перестаем видеть то, что имеем. Но ведь все эти вещи не исчезают. Они остаются на своих местах, прямо перед нами. Все, что нам требуется,— запалить свечу, разжечь огонь надежды, и сразу станет ясно, что все казавшееся утерянным было просто скрыто от наших глаз.

Мешочек с мгновениями

Счастливые мгновения бесценны. Ими стоит дорожить. Сохранять их. Записывать. Складывать их в мешочек. Носи этот метафорический мешочек с собой на случай, если вдруг покажется, что счастья в жизни не было и не может быть. Иногда одно лишь напоминание о счастье делает нас на шаг ближе к нему.

Самое ценное, что у тебя есть

Настоящее известно. Будущее непознаваемо. Настоящее конкретно. Будущее абстрактно. Портить настоящее переживаниями о будущем — все равно что сжечь самое ценное, что у тебя есть, просто потому что в будущем ты, возможно, потеряешь нечто другое, чем еще не владеешь.

Волк

Плач выпускает гормоны стресса. Ругань поднимает болевой порог. Ярость мотивирует к действию.

Чувствуй то, что чувствуешь.

Молчаливая улыбка — не единственный ответ на боль.

Иногда полезно выть на луну.

Ожог

Как-то раз я случайно поджег себе ногу.

Дело было в канун Нового года, мне тогда было шестнадцать. В тот вечер я, как часто бывало в том возрасте, от души набрался сидра.

Мы с компанией друзей остались ночевать у одного из общих знакомых. Развели костер во дворе — ночь была холодная, как обычно бывает зимой в Ноттингемшире.

В общем, очевидно, в какой-то момент я оказался слишком близко к костру, поскольку окружающие вдруг стали орать дурным голосом, указывая на мою ногу. Я опустил взгляд и обнаружил, что у меня горят джинсы.

Я стал лихорадочно хлопать по ноге, другие бросились помогать. Пламя удалось потушить, но нога к тому времени уже болела нечеловечески. Я зашел в дом и принялся осматривать повреждения. Ожог занимал примерно треть моей ляжки. Багровый. Блестящий. Сочащийся. Отвратительный.

«Тебе точно нормально?» — спрашивали меня.

По до сих пор неясным мне причинам — разве что по подростковой глупости и застенчивости, затмевающей по силе любую боль,— я тогда отказался от вызова скорой. Однако к ночи боль усилилась настолько, что я не мог заснуть, причем чем больше я думал об ожоге, тем более нестерпимой она становилась.

В итоге я отправился домой пешком: примерно шесть миль вдоль железной дороги. К тому времени я уже окончательно протрезвел, хромал и жесточайшая пульсирующая боль буквально сводила меня с ума.

«Если будем идти все время прямо, то обязательно выберемся...»

В какой-то момент мне пришлось остановиться. Я сел на землю и закрыл глаза. Мимо грохотал по рельсам грузовой состав. Мне казалось, что я никогда не доберусь до дома. Но как-то добрался.

Стоило мне переступить порог, как сестра тотчас увидела ожог. Она ахнула и едва не упала в обморок, а потом сказала, что мне срочно нужно в больницу, куда я послушно и направился.

Ожог обработали.

«Ни в коем случае нельзя ждать, пока боль уйдет сама»,— сказал мне тогда врач; во всяком случае, посыл был именно такой. Много лет спустя, находясь в состоянии суицидальной депрессии, я много думал об этих словах. «Такими вопросами нужно заниматься сразу. От того, что ты сделаешь вид, будто все в порядке, само все не пройдет».

Добродетель

Быть несовершенным — абсолютно нормально для человека. Нормально иметь недостатки. Нормально иметь предрассудки и впитывать в себя те или иные сомнительные качества, которые взрастила в нас наша родина, город, время, в которое мы живем, или семья, в которой мы родились. Никто не способен подняться над жутким и прекрасным бардаком, который творится в коллективном сознании нашего вида. Человек способен подавать гениальные идеи и совершать благороднейшие поступки, но также и лажать по полной. Воспринимая людей с проблемами просто как «не таких, как мы», мы никогда не найдем в себе храбрости изменить себя самих. А ведь для этого требуется мужество. Смелость, как сказала Майя Анджелу, есть «самая важная из всех добродетелей, потому что без нее невозможно последовательно практиковать ни одну прочую добродетель». Смелость необходима нам, чтобы иметь возможность глядеть на самих себя со стороны и не стыдиться того, что видим. И, разумеется, поставив проблемность под запрет, мы никогда не сможем ни признать, ни исправить наших собственных проблем. Для роста нам нужен свет. Добродетель не обрести, если просто указывать на все плохое, чувствуя себя на контрасте хорошим. Истинной добродетельности можно достичь, лишь глядя внутрь себя самого, на собственные желания, позывы и недостатки, и стараясь работать над этими сложными, противоречивыми и вязкими проблемными частями нас самих.

(Добродетель — это путь, а не конечная цель.)

Ассиметричное дерево — и есть дерево на все сто процентов

Совершенство — вещь не от мира сего. Еще в Древней Греции Платон говорил о важности размышлений об идеальных моделях вещей. Об идеальной любви, идеальном обществе, идеальном правительстве, идеальных формах. Основная идея заключалась в том, что представление об идеальной модели той или иной сущности необходимо для понимания того, как эту сущность улучшить. Пускай нигде в природе не существует геометрически идеальных квадратов, однако для архитектора или градостроителя важно иметь представление об идеальном квадрате, чтобы иметь возможность попытаться как можно точнее воссоздать эту абстракцию в своей работе. Важно иметь представление об идеальной дружбе, идеальном образовании или идеальной судебной системе, чтобы друзья, учителя или судьи могли воплотить эти концепции в жизнь.

Это все, конечно, замечательно (и я вовсе не желаю задеть Платона, особенно с учетом того, что он, оказывается, занимался не только философией, но и борьбой), но как только нас начинают убеждать в том, что правильная сумма на банковском счету, или правильное приложение, или правильный тренер по фитнесу способны помочь нам достичь идеала — тут сразу начинаются проблемы. В итоге мы так и остаемся несовершенными, подобно всему в этой вселенной, и вдобавок еще и разочаровываемся в реальности этого платоновского идеала.

Еще я имею полное право не вступать в прямое противостояние с Платоном по той простой причине, что это за меня уже сделал Аристотель. Тот, будучи сам до некоторой степени учеником Платона, имел более растяжимые, пластичные и приземленные взгляды на жизнь. Он считал, что не стоит фокусировать свое внимание на абстрактном мире идеальных форм, поскольку в нашем мире — в том, который находится прямо перед нами — идеал существует и так. Для Платона любое дерево — это всегда бледная тень, имитация идеального дерева, тогда как по мнению Аристотеля любое дерево и так содержит в себе идеальную древесную суть.

Проблема совершенных абстрактных идеалов заключается в том, что, как бы нам ни хотелось, до них не добраться. Они недосягаемы, словно радуга в небе. Мне кажется, гораздо лучше стараться искать прекрасное в этом мире. Пытаться видеть в деревьях именно их древесную суть, а в нас самих — суть человеческую. Взращивать в себе идеальный дух, олицетворяющий нас, вместо того чтобы тянуться к чему-то несуществующему и невозможному и наблюдать раз за разом, как оно стремительно утекает сквозь пальцы.

Исходи из того, что имеешь. Существуй в пределах этого мира. Будь ассиметричным квадратом. Будь корявым деревом. Будь самим собой.

Ты — нечто большее, чем твое самое плохое поведение

Если сказать ребенку, что он бесполезен, он в это поверит. Назови бесполезным себя — будет то же самое. Человек, страдающий от депрессии и считающий, что окружающие его ненавидят, склонен вести себя в соответствии с этим своим представлением. Веря в то, что все люди делятся по грубому бинарному принципу «хороший — плохой», мы рискуем оказаться в ловушке бесконечного самоосуждения из-за одной-единственной оплошности.

Нам нужна доброта. Нам нужно научиться видеть разницу между тем, что человек *делает*, и тем, кем он *является*. И относится это не только к окружающим, но и к нам самим.

Теплое

Не волнуйся о своем хладнокровии. Не волнуйся о том, как тебя видят хладнокровные люди. Жизнь — теплая. Станешь хладнокровным, когда умрешь. Лучше держись теплых людей. Держись жизни.

Сон

Само наше существование — есть одна грандиозная ода человеческой способности выживать. Если прикинуть вероятность того, что мы окажемся сейчас, здесь, теми, кто мы есть, живыми и здоровыми, после смены 150 000 поколений, то цифры окажутся настолько мизерными, что получается даже не вероятность, а полная невероятность. Вспомни все жуткие и маловероятные истории выживания, вспомни предков, которым как-то удалось выжить и дать потомство. Шансы просто непостижимо маленькие. Мы все живем во сне наяву. Мы — костры, разожженные буквально из ничего. Наши шансы на существование малы до бесконечности. И все же мы существуем.

Нет ничего сильнее крохотной надежды, которая отказывается сдаваться.

Нет ничего сильнее крохотной надежды, которая отказывается сдаваться.

Нет ничего сильнее крохотной надежды, которая отказывается сдаваться.

Нет ничего сильнее крохотной надежды, которая отказывается сдаваться.

Нет ничего сильнее крохотной надежды, которая отказывается сдаваться.

Нет ничего сильнее —

Просветление

Ты здесь. И этого достаточно.

О важности странных мыслей

Хорошо быть странным. Хорошо быть эксцентричным. Хорошо выделяться из толпы. Философ Джон Стюарт Милль считал эксцентричность чуть ли не гражданским долгом каждого человека, необходимым элементом в борьбе против тирании конформизма и традиционализма. Впрочем, даже если мы не считаем себя такими уж эксцентричными, в каждом из нас все равно есть доля эксцентричности. Какие-то странные мысли на краю сознания. Случайные искры, которые мы сами вольны раздуть. Мысли, позволяющие поставить себя на место нашего оппонента в политической дискуссии. Мысли, которые будто бы не вписываются в наш обычный мыслительный процесс, выбиваются на фоне прочих. Предпочтения, вступающие в конфликт с прочими нашими вкусами. И тем важнее с возрастом становится следовать за этими необычными сторонами нас самих и мыслями, ломающими наши внутренние стереотипы,— ведь именно они помогают нам не отставать от мира и продолжать удивляться чему-то новому. Они помогают нам становиться новыми песнями, а не перепевками самих себя.

Снаружи

Да, конечно, дома приятнее. Дома ты защищен от непогоды и от прочих напастей. Но и снаружи бывают свои плюсы. Потому что снаружи — свобода. Ты можешь идти по миру, пока не найдешь свое место. А можешь решить, что снаружи тебе самое место. Там и останешься.

Откровение

Раньше я переживал из-за того, что не вписываюсь, и длилось это ровно до тех пор, пока я не осознал, что не вписываюсь потому, что не хочу.

Путь из твоего разума наружу лежит через мир вокруг

К тридцати двум годам Людвиг ван Бетховен уже стремительно терял слух. В письмах своему брату он жаловался, что окружающие считают его «неприязненным, упрямым, мизантропом». На деле же проблема была в том, что композитор пребывал в смятении и душевном беспокойстве из-за прогрессирующего недуга. Он писал, что чувствует себя «безнадежным», поскольку мало сочиняет. Словом, как если бы Шекспир клеймил себя раздолбаем из-за того, что у него уж больно медленно пишется «Гамлет».

Бетховен вспоминал случаи, когда он выезжал на природу и не мог услышать пения пастуха или чьей-то игры на флейте. «Такие случаи,— писал он,— доводили меня до отчаяния, и недоставало немногого, чтобы я не покончил с собой. Лишь оно, искусство, оно меня удержало. Ах, мне казалось немыслимым покинуть мир раньше, чем я исполню все то, к чему чувствовал себя предназначенным».

Лишь оно, искусство, оно меня удержало.

Так он остался в живых. Его слух все быстрее бесповоротно покидал его — величайшее из мучений для величайшего из музыкантов — и все же он продолжал творить. Некоторые из величайших своих работ — к примеру, потрясающую в своей тоскливости и атмосферности сонату для фортепиано № 14, более известную как «Лунная соната»,— он написал, будучи уже абсолютно глухим.

Безумно горько думать о том, что человеку, создавшему ряд знаменитых во всем мире музыкальных композиций, так и не довелось услышать многие из них. Он был лишен слуха, но полон страсти. В истории искусства осталось огромное множество чутких и необычных людей, которым их стезя дарила утешение и давала цель в жизни — от Эмили Дикинсон и до Джорджии О'Киф.

Нам необязательно писать сонаты для фортепиано, но обязательно испытывать страсть. Она приходит извне, из любого источника. Хотите верьте, хотите нет, но пару лет назад я сумел вытащить себя из относительно тяжелого жизненного периода, замарафонив первые четыре сезона «Игры престолов».

Любопытство и страсть — кровные враги беспокойства и тревоги. Когда я впадаю в беспокойство, я ищу какой-то внешний фактор, который вытащил бы меня — будь то музыка, изобразительное искусство, кино, природа, даже разговор и простые слова.

Ищи в себе увлечение, равное по силе твоим страхам.

Путь из твоего разума наружу лежит через мир вокруг.

Джой Харджо и один целый голос

«Каждый из нас приходит в этот мир со своим призванием,— писала Джой Харджо.— Речь не о работе в той или иной компании или корпорации. Всем нам выделены дары, которые мы способны отдать миру вокруг нас — они есть у животных, даже у растений, минералов, облаков... У всего на земле».

Джой Харджо родилась в Талсе, штат Оклахома, и принадлежит к народу маскоги (они же крики). Она — первая из коренных жителей Америки, кто удостоился звания поэта-лауреата США. Ее потрясающие стихи переплетаются с ее культурным наследием и глубинами человеческого подсознания. Джой — активистка, причем ее поле активистской деятельности не ограничивается какими-то конкретными территориями. Она часто выступает в защиту прав коренных народов Америки, на тему феминизма и глобального потепления, и считает, что все эти темы тесно связаны между собой. Именно об этом она чаще всего и пишет — о глобальной и целостной природе вещей. «В молитве ты полностью открываешься / Небесам, земле, солнцу, луне / Одному целому голосу, который есть ты».

Харджо сама во многом олицетворяет эти слова. В своих выступлениях она совмещает прозу, поэзию и музыку столь искусно, что все это кажется одним неделимым целым. Она написала короткую заметку «Ах, саксофон», в которой, как она выразилась, этот инструмент «берет всю любовь, заключенную в человеке, и, пропуская ее через себя, выдает глубокий, сладостный звук и поднимает нас чуточку в воздух».

Она получала награды не только за свои стихи, но и за музыку собственного сочинения. Забавно, что на саксофоне она научилась играть, когда ей было уже за сорок. По крайней мере, мне это кажется забавным (и утешающим), поскольку это живое доказательство тому, что никогда не поздно начать заниматься чем-то важным для себя.

Я бросил фортепиано, когда мне было тринадцать. До этого родители оплачивали мне еженедельные уроки игры на фортепиано с частной преподавательницей, миссис Питерс. А потом я превратился в подростка, не желавшего говорить друзьям, что не сможет потусить с ними в пятницу вечером, потому что у него занятие на фортепиано. Мой юный ум захватили совсем другие интересы, и «К Элизе» Бетховена заодно с «Гавот-рондо» Моцарта как-то резко отошли на задний план и стали казаться бесполезной и нудной тягомотиной.

Потом я много раз жалел об этом своем решении и думал о том, как могла бы сложиться моя жизнь, не брось я уроки игры. При этом я хоть и жалел, но ничего с этим не делал — то есть, не делал до нынешнего года. В сорок пять лет во время локдауна я начал заново учиться играть на фортепиано вместе со своими детьми. Естественно, достаточно унизительно в таком возрасте учиться *чему-либо* вместе с одиннадцати- и двенадцатилетними детьми. Это все равно что пытаться научиться плавать рядом с марлином. Но мне нравилось развиваться, мне нравилось играть, мне нравилось осознавать, что у саморазвития нет возрастных ограничений.

Джой Харджо, естественно, далеко не единственный «поздний» в плане возраста музыкант. Леонард Коэн, как известно, начал свою музыкальную карьеру лишь в тридцать с лишним. Тот же Верди, несмотря на врожденный музыкальный талант, большую часть своих самых известных композиций написал после пятидесяти, включая оперу «Отелло», которую он и вовсе закончил в семьдесят три года.

Конечно, я и близко не стою в плане музыкальной одаренности с Верди, Джой Харджо и даже, как оказалось, с одним весьма способным к обучению двенадцатилетним ребенком. Но у меня все же есть возможность играть музыку, наслаждаться ею, и мне этого достаточно. Прекрасное в музыке — внутри самой музыки. В игре, в прослушивании. И двери этого прекрасного распахнуты для всех желающих.

А ведь этого достаточно, разве нет? Держать распахнутыми как можно больше дверей. Принимать себя целиком, такими, какие мы есть. Делать ошибки. Как сказала Харджо: «Где нет ошибок, нет и поэзии».

Защита

Когда-то я чувствовал на себе давление необходимости никого не подвести. Я оставался на ненавистной работе. Ходил на вечеринки, на которые идти вовсе не желал. Встречался с людьми, с которыми мне было до боли тяжело общаться. Фальшиво улыбался.

А потом мой разум просто взорвался.

И после этого я понял, что лучше уж подвести других, чем подорваться самому.

Квантовая свобода

Согласно принципам квантовой физики, законы вселенной определяются вероятностями. Это означает, что даже в отношении самых маленьких частиц далеко не все возможно предсказать. Всегда существует некая степень неопределенности, события, которые невозможно предугадать, вещи, которые невозможно измерить. Реалии квантовой физики подрывают все устои детерминизма. Немецкий физик Вернер Гейзенберг, автор принципа неопределенности — нет, даже, скорее, Принципа Неопределенности — обнаружил, что даже в эксперименте, где известно каждое малейшее изначальное условие, невозможно предсказать с уверенностью поведение волн и частиц. Теория хаоса гласит, что даже более масштабные явления, такие как погода, все равно не полностью поддаются прогнозам и никогда не поддадутся. (Как часто все мы удивляемся и радуемся солнечному деньку, если буквально вчера метеорологи обещали нам ливни?) Нейробиологи обнаружили, что даже сама структура головного мозга человека и содержащихся в нем нервных клеток подразумевает некоторую степень случайности.

Другими словами, базовой характеристикой вселенной, природы, нашей окружающей среды, даже нас самих, является неопределенность. Всегда есть место вариативности. Когда что-либо двигается или меняется, оно двигается и меняется с некоторой степенью неопределенности — будь то лучик света, пробивающийся через жалюзи, будь то ураган или одна-единственная клетка в нашем мозге. Вся вселенная представляет собой одну гигантскую и постоянно развивающуюся вероятность. И хотя подчас страх пытается внушить нам, что худший вариант развития событий уже предопределен, будущее, как и все в этом мире, остается неясным, непредсказуемым, открытым, свободным. И даже самое незначительное событие в лабиринте нашей жизни способно привести к самому непредсказуемому результату.

Другие люди — это другие люди

Давай поговорим об очевидном, ведь очевидное очень легко воспринимается как данность и забывается. Ты — не другие люди. Ты — это ты. Ты не можешь управлять другими людьми. Ты не можешь безраздельно властвовать над их мыслями о мире, о политике или о тебе самом. У тебя нет возможности управлять их действиями, которыми они могли кому-то навредить. В том числе и тебе. Да, конечно, мы можем учиться друг у друга, и кто-нибудь чему-нибудь выучится и у тебя. И это прекрасно, хоть и случается такое реже, чем нам бы хотелось. Как сказал Айшат Аканби: «Решил бы ты, что твоя благодать людям зависит от того, признают ли они свои ошибки,— лежать бы тебе и ждать дальше в могиле». Тая в себе злобу, ты не накажешь никого, кроме самого себя. Другие люди — это другие люди. Ты — это ты.

Неправильное направление

Свою собственную значимость и ценность ты не найдешь в умах других.

Прикладная энергия

Утешение можно найти и в истории. История помогает нам понимать наше место во времени, ценить все достижения человечества, все пройденные им испытания, благодаря которым мы появились на свет.

Отдельно стоит выделить истории из жизни конкретных людей, ведь они способны дать нам особенную силу. Понимание того, чего тот или иной человек достиг, что ему довелось пережить и что он сумел подарить миру, чтобы сделать нашу жизнь в нем лучше.

Слышали ли вы когда-нибудь о Нелли Блай?

Она была журналисткой, причем одной из самых примечательных за всю историю этой профессии.

Нелли Блай — это, собственно, псевдоним. При рождении в Питтсбурге в 1864 году ее крестили под именем Элизабет Джейн Кокран. Ее отец умер, когда ей было всего пятнадцать, оставив их с матерью и еще четырнадцатью детьми практически без гроша, так что Блай пришлось срочно начать зарабатывать на жизнь самостоятельно.

Несмотря на то, что в те времена женщины-журналисты были редкостью и многим мозолили глаза, ей удалось устроиться в редакцию местной газеты за пять долларов в неделю. Однако писать ей было велено исключительно о бытовых вещах, таких как уход за детьми и ведение домашнего хозяйства. Впрочем, популярность, которую стремительно набирала ее колонка в газете, позволила ей начать глубже погружаться в близкие темы, и вскоре она уже занималась гораздо более «сочными» проблемами, типа влияния, которое оказывает на женщин законодательство в области бракоразводного права.

В 1887 году она перебралась в Нью-Йорк и добилась встречи с известным газетным издателем Джозефом Пулитцером — она хотела устроиться в его «New York World». Тот согласился, но в качестве проверки поставил девушке условие: ее первое расследование должно быть посвящено условиям содержания пациентов в печально известной женской психбольнице на острове Блэкуэлл. Вся загвоздка заключалась в том, что Блай должна была попасть туда под прикрытием. То бишь от нее требовалось прикинуться сумасшедшей и добиться того, чтобы ее сдали в это учреждение.

Задача была непростой. Девушка заселилась в общежитие под названием «Временное жилье для женщин» и провела целую ночь без сна, чтобы казаться истощенной и растрепанной. Затем она как можно более правдоподобно и выразительно принародно изобразила из себя сумасшедшую и после психиатрической экспертизы была отправлена в психбольницу.

Там она увидела и пережила настоящий ад. Жестокий персонал и издевательства над пациентами. Связанные веревками душевнобольные женщины. Крысы в палатах. Гнилая пища. Грязная питьевая вода. Повторное использование воды для мытья. Жесткие койки. Беспощадные наказания. Блай сразу обратила внимание на то, что многие женщины совершенно не казались сумасшедшими, однако обращались с ними так же отвратительно, как и с остальными. Девушка рассудила, что даже несколько часов, проведенных в этом жутком месте, окажутся серьезным испытанием на крепость рассудка даже для психически здорового человека.

Едва попав внутрь, Блай перестала играть на публику и вернулась к своему нормальному поведению. Однако она быстро стала замечать, что каждое абсолютно нормальное действие — например, адресованный санитарам вопрос, не брали ли они ее карандаш — расценивалось лишь как очередное доказательство сумасшествия: «Чем нормальнее я говорила и вела себя, тем более безумной меня считали». Также она стала свидетельницей постоянных провокаций самых тяжело больных пациенток со стороны санитаров.

Десять дней спустя редакция «New York World» связалась с руководством психбольницы, рассказала им правду и потребовала выпустить их репортера.

Задание Пулитцера оказалось поистине жутким и мучительным, однако, опубликовав статью о своем сроке, проведенном в сумасшедшем доме, Блай сумела изменить взгляд широкой публики в Америке на психбольницы и душевные болезни в целом.

В результате публикации ее статьи в двух частях под названием «Десять дней в психушке» стало повышение бюджета госдепартамента, которому была подконтрольна психбольница, на целый миллион долларов. Еще интереснее то, что ее список рекомендаций по улучшению условий содержания пациентов взял на вооружение Департамент общественной помощи и коррекции, что в итоге привело к закрытию психбольницы несколько лет спустя.

Нелли Блай обрела славу и стала первопроходцем в новой эпохе напряженного журнализма под прикрытием.

Впоследствии она освещала самые разные драматические события и истории — не чета унылым бытовым колонкам, которые ей приходилось строчить в Питтсбурге. Она писала обо всем — от коррупции в правительстве и до скандалов на почве торговли детьми.

В 1889 году она прославилась еще больше, на сей раз как человек, побивший вымышленный рекорд, поставленный героем романа Жюля Верна «Вокруг света за 80 дней» Филеасом Фоггом. Она отправилась в кругосветное путешествие длиной в сорок с лишним тысяч километров и успешно завершила его за семьдесят два дня с хвостиком. За время поездки она успела встретиться с самим автором вышеупомянутого романа в Париже, побывать в колонии для больных проказой в Китае и пройти по Суэцкому каналу. Плыла на кораблях, ехала на поездах и даже один раз прокатилась на осле.

Примечательно то, что несмотря на ряд людей, отправившихся вслед за ней в попытках ее обогнать, она упорно отказывалась расценивать путешествие как гонку. Ее записки отражают ее искреннее восхищение всем, что ей довелось увидеть. «Мне всегда нравился туман,— писала она.— Он мягко и столь прекрасно освещает вещи, которые при свете дня показались бы грубыми и обыденными».

Много лет спустя во время Первой мировой войны она стала первой женщиной-репортером в зоне боевых действий между Сербией и Австрией. Ее даже арестовали, ошибочно приняв за британскую шпионку, но быстро отпустили.

Ее наследие живо и по сей день. Что только не названо в ее честь — награды в области журналистики, корабли, кафе-мороженое, даже парк аттракционов.

Блай — живое доказательство огромного потенциала человека, вооруженного лишь острым карандашом и еще более острым умом.

По ее собственным словам, «правильно приложенная и направленная энергия способна достичь чего угодно».

Она успешно сопротивлялась всем социальным ролям, которые пыталось навязать ей общество, и стала в итоге тем, кем сама хотела быть.

Беспорядок

Нет ничего сложнее, чем быть самим собой. Мы так загружены делами, что подчас не видим, кем являемся на самом деле. Отвлекаемся, отвлекаясь. Иногда мы намеренно заваливаем свою жизнь всяким барахлом, чтобы иметь возможность не думать о бардаке, царящем у нас внутри. И стоит навести порядок снаружи, внутренний хаос предстает во всей красе. Целиком. И чем больше мы на нем сосредоточиваемся, тем более упорядоченным он кажется. У всего есть свое неслучайное место. Конечно, мы можем хотеть изменить структуру этого беспорядка, а то и смириться с ним. Но мы несовершенны, потому что живы.

Внутри нас царит беспорядок, потому что когда-то вселенная началась со взрыва, а обломки и мусор так и носит до сих пор. Мы все — беспорядочные млекопитающие, живущие на беспорядочной планете в беспорядочном космосе. Отрицать этот беспорядок — все равно что отрицать нашу сущность. Видеть его, позволять и прощать его самим себе — значит достичь состояния, которое буддисты и психолог Тара Брах называют «радикальным принятием», в котором наши так называемые минусы и несовершенства воспринимаются как естественный элемент бытия. Таким образом, можно существовать открыто и искренне, не скукоживаясь и не запираясь, как запирают захламленный шкаф. Словом, если коротко — просто жить.

Стремись быть собой

Стремление быть кем-то, кем ты не являешься, никогда ни к чему не приведет. Стремись быть собой. Стремись выглядеть, вести себя и думать как ты сам. Прими свою «самость». Цени ее, взращивай, люби ее. И забей на все издевки окружающих.

Чаша

Ты не властен над тем, как тебя воспринимают окружающие. Так что не волнуйся. Если им хочется ненавидеть вымышленный образ тебя, живущий у них в голове,— пускай. Не трать силы на попытки заставить понять тебя тех, кто упорно не желает этого делать. Держи свою чашу полной. Обратись к доброте.

Гранат

Большая часть сплетен — есть замаскированная зависть. Большая часть неуверенности в себе — есть замаскированный конформизм. «Никто не способен заставить тебя чувствовать себя второсортным без твоего собственного согласия»,— сказала когда-то Элеонора Рузвельт. Вдохни в себя силы. Выйди из тени. Будь собой на воле. Единственный по-настоящему важный успех в этой жизни — это успешно быть самим собой. Вписываться в окружающую среду — не плохо само по себе. Но никогда не пытайся вписаться в нее, если это подразумевает становление кем-то, кем ты на деле не являешься. Стань самим собой. Стань уникальным человеком, таким, которым никто больше не является. Если ты не нравишься людям — пусть. Не каждый фрукт должен быть яблоком. Жить под чьей-то личиной слишком утомляет. Если ты гранат — будь гранатом. Конечно, на свете, думается, больше тех, кому не нравятся гранаты, чем тех, кому не нравятся яблоки. Зато для любителей гранатов лучше фрукта в мире нет.

Дай себе быть

Не стой у себя самого на пути. Быть собой не требует каких-то специальных действий. Ты уже родился самим собой, даже не стараясь. Собственно, активные попытки — и есть корень зла. Невозможно *пытаться быть*. Можно лишь дать себе быть.

Часть четвертая

Иногда как противоядие
От страха смерти
Я ем звезды.

Ребекка Элсон,
«Противоядия от страха смерти»,
из сборника
«Ответственность перед трепетом»

Небо

Представь на секунду, что ты никогда в жизни не видел ночного неба.

Представь, что ночное небо — это целое событие, которое человеку дано лицезреть лишь раз. Представь, что можешь лишь единожды за все время своего существования на земле поднять голову и увидеть звезды. Наверняка этот момент был бы для тебя одним из самых захватывающих и потрясающих в твоей жизни. Его называли бы, вероятно, Ночью звездных чудес или Удивительным моментом созерцания Сияющей Вселенной, а может, и как-нибудь покрасивее. Все мы тогда поднялись бы с наших диванов и вместо очередного вечера в компании любимого стримингового сервиса вышли бы на улицу и задрали головы, разинули бы рты от изумления, увидев тысячи крохотных огоньков, пробивающихся сквозь пространство и время. Мы стояли бы, глядя на небосвод и пытаясь отличить звезды от планет. Понять, который из этих огоньков — Венера.

Я это все к тому, что такое потрясающее и разовое зрелище невозможно было бы принять как данность.

И все же мы регулярно именно так и воспринимаем ночное небо. Естественно, было бы глупо настаивать на необходимости каждую ночь — даже темную и безоблачную — стоять на улице и таращиться на созвездия в сентиментальном изумлении. Но важно помнить, как многое в жизни тут же покажется удивительным и потрясающим, если станет вдруг редким явлением. Наша планета, вся вселенная одаривает нас таким количеством чудес, что наше восприятие притупилось. И только в самые кризисные времена оно обостряется. Мы получаем возможность видеть себя, выражаясь словами философа Алана Уотса, в качестве «диафрагмы, через которую вселенная смотрит и исследует саму себя».

Смотри на звезды

Помню, как однажды в период тяжелой депрессии я в очередной раз думал о самоубийстве и смотрел на безоблачное, бесконечно звездное небо. Я почти физически ощущал свою душевную боль. Однако вид неба, нашего маленького окошка во вселенную, исполнил меня надежды на то, что однажды я смогу снова поражаться этому великолепному зрелищу. Истинная красота — это каждая секунда, когда у нас захватывает дух от того, насколько жизнь прекрасна и полна надежд. Мир состоит из таких секунд. Они светятся во тьме. Они наши — только протяни руку и возьми. «Остановимся на красоте жизни,— написал Марк Аврелий в своих „Размышлениях“ две тысячи лет назад.— Наблюдай за звездами и увидишь, как ты бежишь с ними»*.

---

* Пер. С. Роговина.

Мир — изменение

На момент написания «Размышлений» Марк Аврелий был самым могущественным человеком в мире. В его распоряжении в буквальном смысле была целая империя. Города, армии, дворцы — все принадлежало ему. Почти два десятка лет, с 161 по 180 годы, он правил Римом в период «золотого века». И тем не менее он упорно отказывался искать пресыщения в своем статусе и власти, обращаясь чаще к простым сущностям, разговорам и размышлениям о вселенском порядке вещей. Он считал наблюдение за звездами крайне важным занятием и ссылался в этом на Пифагора — древнегреческого философа и основателя пифагореизма.

Пифагорейцы рассматривали созерцание ночного неба не просто как способ приятного времяпровождения, но как прикосновение к божественному порядку: звезды существуют все по отдельности, но при этом они упорядочены. Стоики видели в наблюдении за звездами способ заглянуть за приоткрытую завесу божественного и узреть фрагменты Природы.

Получается, важно не только само небо или звезды, но, скорее, мысли, посещающие нашу голову, когда мы на них смотрим. Наша связь с изменчивым миром вокруг и над нами.

«Мир — изменение,— писал Марк Аврелий.— Жизнь — восприятие»*.

Даже человек, стоявший во главе империи, был способен, глядя на звезды, смиренно ощущать себя ничтожным в великом вселенском порядке вещей.

Небо не начинается над нами. Небо вообще не начинается, нигде. Мы живем в небе.

---

* Пер. С. Роговина.

Раб-стоик

Больше всех других философов мне нравится Эпиктет. Как и Марк Аврелий, он был стоиком и жил в Древнем Риме. Правда, в отличие от Марка Аврелия, Эпиктет не был императором. Собственно, он был от этого дальше, пожалуй, чем кто-либо.

У него была тяжелая жизнь. Почти две тысячи лет назад он родился рабом, чье имя буквально означало «прикупленный». Всю свою юность он провел в рабстве, однако ему все же разрешили изучать философию стоиков. Вдобавок ко всему, он еще и был инвалидом — вероятно, из-за того, что его хозяин когда-то сломал ему ногу. Большую часть всей своей жизни он испытывал физическую боль.

По причинам до сих пор не вполне ясным Эпиктет в итоге все же обрел свободу и начал преподавать философию, однако продолжал жить просто и аскетично, без лишнего имущества; большую часть жизни он провел в одиночестве. Согласно сохранившимся источникам, уже в преклонном возрасте он усыновил ребенка своего друга и растил его вместе с женщиной, на которой то ли женился, то ли все-таки нет.

Эпиктет был во многом очень прогрессивным философом. Пожалуй, лучше всего его мировоззрение описывает афоризм: «*Важно не то*, что происходит с вами, а ваше отношение к происходящему». Такой подход не раз помогал многим людям в самых разных тяжелых жизненных ситуациях — от пленных солдат до страдающих депрессией обывателей. Один из основоположников когнитивно-поведенческой психологии Альберт Эллис заявлял, что именно эта цитата легла в основу всего его метода: «Человека тревожит не происходящее, а то, как он к нему относится».

Эпиктет напоминает нам о том, что, связывая наше счастье с вещами внешними, мы по сути предаем саму концепцию самоконтроля и основываем наше благополучие на силах, от нас не зависящих. О чем бы ни шла речь — о доходах, отношениях, желании завести семью или купить «Ламборгини», выиграть в лотерею, завируситься в соцсетях — «Просто имейте в виду: чем *больше мы ценим* вещи, находящиеся вне нашего контроля, тем меньше у нас контроля». Тем более, что даже когда мы получаем то, чего якобы хотим, результат часто оказывается весьма неожиданным — взять хотя бы исследования, наглядно показывающие, как часто выигрыш в лотерею негативно сказывается на уровне удовлетворенности жизнью победителя.

В словах Эпиктета заключается, пожалуй, самое глубокое и основополагающее утешение из всех. Стоик не заставляет нас верить в то, что лучшее впереди,— он говорит о том, что даже в минуты боли, печали или одиночества у нашего разума есть возможность выбрать тот или иной вид ответа на происходящее в нашей жизни. Даже на самое тяжелое. Боль, утрату, скорбь, смерть. «Я не могу избежать смерти — говорил Эпиктет — но разве я не могу избежать страха смерти? Должен ли я умереть, дрожа и стеная?» Если вкратце, то философ, по сути, дает нам осознание степени нашего контроля в мире, который мы контролировать неспособны — контроля принятия отсутствия контроля. Контроля реакции.

Гусеница

В темном коконе распадается гусеница. Переваривается собственными ферментами. Она становится жидкостью. Кашей. Гусеничным супом. А затем она постепенно перерождается в бабочку. Кокон — вовсе не уютное и тихое последнее пристанище. Вероятно, для гусеницы кокон — место достаточно жуткое. И все же судьба гусеницы служит отличной метафорой для наших собственных неудач и тягот. Самые значительные и прекрасные изменения рождаются из самых тяжелых ситуаций и переживаний. Мы распадаемся, чтобы переродиться. Проходим сквозь тьму, чтобы затем устремиться в небо, к солнцу.

Жизненный опыт

Мы не состоим из нашего жизненного опыта.

Попав в ураган, каким бы мощным и страшным он ни был, мы всегда точно знаем, что мы — не ураган. Погода изменчива — что за окном, что внутри нас. Многие говорят о сгущающихся над ними тучах. Но мы — не тучи. Мы — небо. Небо, которое иногда заволакивают тучи. Они — лишь временное состояние, а небо — оно всегда небо и есть.

Немного о дыхании

Хочу сказать тебе, что дыхание крайне важно для человека.

Да, знаю, знаю.

Я тут получаюсь «тем самым парнем». Тем самым, который чуть что советует «дышать глубже», как будто все проблемы в жизни вызваны неспособностью выдохнуть на счет пять. Эти слова ставят меня на опасную черту, за которой находятся те, кто утверждают, будто любую душевную травму можно излечить принятием ванны с парой ароматических свечей с запахом лаванды. И все же за годы жизни я осознал, что нет более верного и быстрого способа измерить свой уровень стресса, чем прислушаться к собственному дыханию.

Дыхание — это своеобразный встроенный барометр для измерения настроения.

Во время накрывающих панических атак мне становилось тяжело дышать. Причем происходило это очень быстро, где-то у самого верха легких — словно у меня просто не было времени сделать вдох. Когда я нахожусь в состоянии стресса, мне достаточно лечь на кровать, положить руку себе на живот и начать глубоко дышать — через какое-то время мой живот начинает дрожать, подобно напуганному зверю, и тогда мне все становится ясно. Становится понятно, что пришло время сделать шаг назад и позволить себе расслабиться. Звучит парадоксально, но иногда принудительное расслабление работает. А для меня добиться этого проще и быстрее всего именно путем медленного дыхания. Когда я заставляю себя дышать медленнее, раздражающие голоса в голове, подобные заевшим на повторе видео с ютьюба с бессмысленными монологами видеоблогеров, внезапно стихают. Внезапно меня перестает тревожить то, что я не ответил на письмо или запорол видеоконференцию в зуме. Я чувствую, как успокаиваюсь.

Осознанное дыхание представляется неким способом взломать собственную самооценку. Сказать: «Позволь себе передохнуть». Просто принять себя таким, какой ты есть, да и саму жизнь, какая она есть. И все, что для этого требуется,— это пара легких.

Можно практиковать этот метод лежа, сидя или даже стоя. Когда я ложусь, я кладу руки по бокам от себя ладоням вверх, к небу или потолку, и немного развожу ноги. Практикуя эту технику сидя, я обычно кладу руки на подлокотники кресла и расставляю ноги на ширину бедер. А затем начинаю расслабленно, но глубоко дышать животом. И да, я таки считаю до пяти про себя, поскольку, видимо, отстраненное сосредоточивание на счете само по себе добавляет процессу дополнительный расслабляющий эффект. В идеале я занимаюсь этим не меньше минуты. Если у тебя есть свободные пять минут — попробуй провести за этим пять минут. Серьезно. Да хоть бы и больше — почему нет? Вначале может стать скучно, потому что занятый делами мозг ничего не хочет меньше, чем замедляться и ничего не делать, и в то же время ему ничего не требуется больше этого. Оно того стоит.

Ты здесь. Ты существуешь. Ты пребываешь сейчас, в этом самом мгновении.

Дышать — значит жить, а осознавать свое дыхание, следовательно, значит осознавать свою жизнь, осознавать самую базовую истину о себе самом. Возноситься за пределы мира действий и — хотя бы пару чудных, упоительно спокойных мгновений — пребывать в мире просто существования.

О чем говорит тебе твое дыхание

Тебя достаточно.

Тебе не нужно ничего, кроме самого себя. Ты — больше, чем то, как тебя видят окружающие. Ты — тот, кем становишься в темной комнате. Ты — тот, кем становишься в полной тишине. Тебе не требуется покупать, тренировать или зарабатывать принятие самого себя.

Тебя достаточно.

Ты — чудо вселенной. Ты — земля, созерцающая саму себя. Ты вдыхаешь воздух и принимаешь себя так же, как принимаешь воздух,— как часть естественного порядка вещей. Ты — разум, существующий в процессе постоянного изменения. Ты — пребывающая в постоянном движении вероятность. Твое место — здесь. Ты там, где ты должен быть.

И тебя достаточно.

Нет ничего сильнее крохотной надежды, которая отказывается сдаваться.

Нет ничего сильнее крохотной надежды, которая отказывается сдаваться.

Нет ничего сильнее крохотной надежды, которая отказывается сдаваться.

Нет ничего сильнее крохотной надежды, которая отказывается сдаваться.

Нет ничего сильнее крохотной надежды, которая отказывается сдаваться.

Нет ничего сильнее крохотной надежды, которая отказывается сдаваться.

Нет ничего сильнее крохотной надежды, которая отказывается сдаваться.

Нет ничего сильнее крохотной надежды, которая отказывается сдаваться.

Нет ничего сильнее крохотной надежды, которая отказывается сдаваться.

Нет ничего сильнее крохотной надежды, которая отказывается сдаваться.

Нет ничего сильнее крохотной надежды, которая отказывается сдаваться.

Нет ничего сильнее крохотной надежды, которая отказывается сдаваться.

Нет ничего сильнее крохотной надежды, которая отказывается сдаваться.

Нет ничего сильнее крохотной надежды, которая отказывается сдаваться.

Нет ничего сильнее крохотной надежды, которая отказывается сдаваться.

Живи в настоящем

Истинное испытание, стоящее перед каждым из нас, заключается в том, чтобы честно воспринимать мир и себя самих. Видеть раны, чтобы иметь возможность их залечить. Не отводить взгляда. Не проводить жизнь в отрицании и попытках избежать боли. Избежать чувств. Выражаясь словами писательницы-буддистки Пемы Чодрон: «Самая существенная агрессия по отношению к себе, самый основной вред, который мы можем причинить себе,— это оставаться невежественными, не имея мужества и уважения смотреть на себя честно и мягко». Излечивать раны — значит жить в настоящем.

Ясный взгляд

Невежество преуменьшает нас. Истинное испытание, стоящее перед каждым, заключается в том, чтобы научиться честно воспринимать мир и себя самих. Одна из целей, которые ставил перед собой Марк Аврелий, звучала так: «Смотреть на вещи ясно и видеть их такими, какие они есть».

Подожди

Ты в порядке. Пускай ты чувствуешь себя так, словно в ночном кошмаре. Пускай сам твой разум гнобит тебя. Возможно, ты думаешь, что больше так не можешь. Просто не выдержишь. Но вспомни, как когда-то тебе уже было плохо. И подумай обо всем хорошем, что произошло в твоей жизни между тем периодом и нынешним. Точно так же, как было, возможно, уже не будет, но вместо этого будет иначе, и будет хорошо. Просто подожди.

Лекарство от одиночества

Одиночество — это не отсутствие компании. Одиночество наступает тогда, когда мы чувствуем себя потерянными. А потерянным можно себя чувствовать и посреди целой толпы других людей. Нет ничего более одинокого, чем находиться в обществе людей, которые работают на другой волне, не совпадающей с твоей. Лекарство от одиночества — вовсе не общение с большим количеством людей. Лекарство от одиночества заключается в понимании того, кто ты есть.

Шаблоны

Мы легко застреваем в поведенческих шаблонах. Вспомни своих знакомых. Бывает ведь, что кто-то делает одно и то же раз за разом? Ест и пьет одно и то же? Смотрит одни и те же телепередачи? Читает книги одного и того же жанра? Встает и ложиться спать примерно в одно и то же время? Говорит все время одно и то же? А может, и думает? А ты сам? А я? Я — да. Быть человеком — живым существом — означает постоянно действовать в соответствии с какими-то шаблонами. Некоторые из них даже хороши. Людей инстинктивно тянет к комфорту рутины, мы привыкаем и успокаиваемся, но со временем монотонность способна начать причинять дискомфорт. Как сидение часами напролет ссутуленным вредно для спины, так и следование исключительно знакомым путям наименьшего сопротивления способно замедлить нашу жизнь. Сделать нас устаревшими алгоритмами, которым отчаянно требуется новая, более сложная последовательность.

Вносить изменения в рутину полезно. Даже такая мелочь, как смена порядка расположения ярлыков приложений на экране смартфона может помочь нам сопротивляться автоматически формирующейся мышечной памяти.

Выражаясь словами Тары Брах: «Пожалуй, самая большая трагедия нашей жизни состоит в том, что свобода возможна, но мы проводим годы в ловушке одних и тех же старых шаблонов... Мы, может, и хотели бы любить других без оглядки, быть естественными, дышать и наслаждаться красотой вокруг нас, танцевать и петь. И тем не менее каждый день мы прислушиваемся к внутренним ограничивающим нас голосам»*.

---

* Пер. А. Мелиховой.

Зона дискомфорта

Привычке часто сопутствует нерешительность. Боязнь перемен. Так люди застревают на нелюбимых работах, в нездоровых отношениях, в безысходных взглядах на мир. Мы называем все это «зонами комфорта», хотя на деле все часто обстоит ровно наоборот. «Зона комфорта» оказывается зоной дискомфорта, зоной стагнации, зоной неудовлетворенности. Из которой, к слову, на удивление просто взять и выйти, если по-настоящему захотеть. Выйдя же за пределы этой зоны дискомфорта, ты начинаешь видеть настоящий, истинный комфорт. Комфорт в том, чтобы быть наилучшей версией самого себя. Вне шаблона, кода или установленных рамок поведения. В меньшей степени функцией и в большей — человеком.

Всякое

Необязательно все время заниматься всякой всячиной. Или достигать чего-то. Ты не обязан проводить все свое свободное время продуктивно. Заниматься тай-чи, рукоделием или выпечкой. Иногда можно просто *быть* и *чувствовать*, и не заморачиваться, и грызть чипсы, и просто жить. И этого более чем достаточно.

Феррис Бьюллер и смысл жизни

«Выходной день Ферриса Бьюллера» 1986 года — лучшее подростковое кино всех времен и народов, и что-то меня в нем долго отталкивало, хоть фильм в целом мне очень нравился. История Джона Хьюза о популярном подростке, сказавшемся больным, чтобы прогулять школу, и от души оттянувшемся в Чикаго вместе со своей девушкой и лучшим другом Кэмероном, раздражала меня из-за того, что я считал Ферриса эгоистом, а фильм, по моим представлениям, попадал в категорию тех, в которых симпатия по отношению к главному герою крайне важна для положительного зрительского опыта. Мне не нравилось, что Феррис использовал своего лучшего друга, чтобы получить в свое распоряжение для поездки винтажный Феррари, принадлежавший отцу Кэмерона, несмотря на то, что последний мог из-за этого как следует влипнуть.

Однако, пересмотрев этот фильм, я осознал, что понял все совершенно превратно. Что фильм на самом деле вовсе не о самом Феррисе, как можно подумать из названия. Он как раз о Кэмероне. Кэмерон является эмоциональной сердцевиной всей ленты. Именно этот персонаж по ходу фильма претерпевает самые значительные изменения, превращаясь из депрессивного, хорошо обеспеченного и страдающего открытыми суицидальными наклонностями подростка, страшащегося мнимой бессмысленностью будущего, состоящего из колледжа и взрослой жизни, в человека со здоровой самооценкой, уважающего себя, способного жить сегодняшним днем и не страшиться строгого отца и тирании установленных им правил.

Несмотря на то, что фильм начинается с культового монолога Ферриса, обращенного в камеру, к зрителям, самое важное он периодически говорит на протяжении всего фильма именно Кэмерону: «Жизнь летит очень быстро. Если не останавливаться и не оглядываться по сторонам, можно ее пропустить...» По сути, Феррис выступает этаким Марком Аврелием 1980-х, советуя нам «остановиться на красоте жизни». Получается смесь восточной и западной философий, буддистской осознанности с американским индивидуализмом. Хотя сам Феррис, конечно, предпочел бы, чтобы его не относили ни к какому «изму». «Человек не должен верить в „измы“,— говорит Феррис.— Он должен *верить в себя». Но Феррис — вовсе не эгоист. Он всегда готов поддержать своего друга. Поддержать нас. «Выходной день Ферриса Бьюллера», как и все лучшие успокаивающие фильмы, дает нам разрешение на чувства. Помогает нам жить.*

Фильмы, которые успокаивают

«Челюсти». Потому что показывает нам, что, прежде чем бороться со своими страхами, их нужно увидеть.

«Встреть меня в Сент-Луисе». Потому что песни. Потому что цветовая палитра. Потому что Джуди Гарленд поет «Have Yourself a Merry Little Christmas». Потому что этот фильм погружает нас в прекрасный и наполненный светлой грустью комфорт другого времени и места, другой семьи, другой реальности. И просто потому что я посмотрел этот фильм однажды, когда мне было очень плохо, и он словно подарил мне лучшее место в жизни.

«Большой побег». Потому что показывает, что из любой ситуации можно найти выход, если вырыть тоннель.

«Буч Кэссиди и Сандэнс Кид». Потому что он буквально излучает теплый, золотистый свет домашнего очага и напоминает нам о том, что можно всю жизнь прожить в одном кадре, если кадр по-настоящему хороший (см. также концовку «400 ударов» и «Клуб „Завтрак“»).

«Инопланетянин». Потому что во время просмотра возвращаешься в детство.

«Эта замечательная жизнь». Потому что он позволяет осознать, что у твоего существования есть незримая ценность.

«Арахисовый сокол». Потому что показывает искупляющую силу дружбы.

«Граф Монте-Кристо» (2002 года). Потому что эту лихую приключенческую историю можно просто вставлять в словарь в качестве определения понятия эскапизма.

«Милашка в розовом». Потому что там величайший поп-саундтрек за всю историю кинематографа.

«Рэй». Потому что добротные байопики вообще всегда воодушевляют, особенно когда речь про Рэя Чарльза.

«Мой сосед Тоторо». Потому что этот шедевр Хаяо Миядзаки повествует о силе чудес и волшебства, способной помочь нам преодолеть даже самые тяжелые периоды в нашей жизни.

«Харви». Потому что там Джеймс Стюарт разговаривает с невидимым кроликом.

«Уходя в отрыв». Потому что это преступно недооцененный фильм про велосипедистов, который я смотрел, когда мне было грустно, и находил утешение в этой мягкой и нежной смеси комедии и драмы.

Любой фильм из серии «Миссия невыполнима». Потому что есть нечто успокаивающее в наблюдении за тем, как Том Круз рискует жизнью, кладя прибор на все законы ньютоновской механики.

«Звуки музыки». Потому что показывает, что даже темнейшие силы в истории человечества оказались неспособны победить любовь, музыку и радость.

«Воспитание крошки». Потому что там есть Кэтрин Хепберн и Кэри Грант, конечно же, и еще потому, что несмотря на то, что фильм вышел в 1938 году, он и по сей день остается одним из самых уморительных в истории всей индустрии.

«История игрушек 2». Потому что это величайший, самый эмоциональный и трогательный из всех фильмов студии «Пиксар» — чего стоит одна только история Джесси.

«Останься со мной». Потому что, хоть в основе сюжета и лежат поиски трупа, весь фильм — это один большой гимн молодости, дружбе и самой жизни.

«Мэри Поппинс». Потому что Мэри Поппинс же, ну.

Отрицательная способность

Впервые словосочетание «отрицательная способность» использовал поэт Джон Китс. Подразумевал он под ней «умение пребывать в неопределенности, незнании, сомнениях, при этом не бросаясь судорожно на поиски фактов и причин». То есть речь о принятии определенной уязвимости.

По мнению Китса, Шекспир буквально олицетворял эту способность, поскольку создавал шедевры, исполненные изменчивой и несовершенной красоты, оставлявшие достаточно широкий простор для интерпретаций.

Китс, конечно, никогда не слышал игру Майлза Дэвиса, но, думается, в его музыке поэт тоже расслышал бы эту отрицательную способность. «Не играй то, что уже есть,— сказал когда-то Дэвис.— Играй то, чего еще нет».

Идея отрицательной способности базируется на пространстве, лежащем за пределами всего, что мы знаем, до которого мы должны быть готовы постараться добраться, если хотим найти истинную красоту.

«У настоящего Поэта,— писал Китс, будучи, надо думать, самым просветленным из всех английских романтиков,— чувство Красоты затмевает все прочие помыслы, вернее отметает их»*.

Сам он использовал словосочетание «отрицательная способность» в основном применительно к искусству, однако позднее этот термин взял на вооружение психоаналитик Уилфред Бион, наделив его более психологическими и экзистенциальными коннотациями. По мнению Биона, отрицательная способность человека четко связана с его способностью мыслить интуитивно, вне рамок памяти и желаний. «Откажитесь от памяти,— молил он.— Откажитесь от будущего времени в своих желаниях, забудьте... и о том, что вы знаете, и о том, чего вы хотите, для того, чтобы дать место новым идеям».

Новым идеям.

Потрясающе. Все это очень напоминает дзен-буддистскую концепцию «сатори» — просвещения через смирение, состояния, которого можно достигнуть лишь преодолев тернистый путь сквозь неопределенности нашей собственной природы. Вот где истинная свобода. В допущении иного взгляда на вещи. Конечно же, до нее гораздо проще добраться, держа свой разум открытым, пластичным, восприимчивым к изменчивости бытия.

---

* Пер. Я. Пробштейна.

Возможно, мы существуем лишь только благодаря некой космической отрицательной способности, сумевшей сотворить вселенную из пустоты.

Нормально не знать всего на свете. Собственно, даже хорошо и мудро не знать всего или хотя бы не считать, что все знаешь, поскольку так проще не попасть в ловушку привычного мышления. Но, безусловно, чтобы попасть в это поле полной открытости и нового, более глубокого понимания покоя и удовлетворенности, требуется некая степень уязвимости.

Я часто вспоминаю, как много лет назад упражнялся под видео, и в какой-то момент, прямо посреди статического приседания, тренер с экрана грозно рявкнул, приказав «наслаждаться дискомфортом». Нет, сравнивать совет фитнес-тренера с отрицательной способностью и дзен-буддизмом — это, конечно, большая натяжка, но все же я правда считаю, что человек способен достичь более высокой степени удовлетворения и комфорта, союза с истинным самим собой, если он готов уйти от привычных и безопасных шаблонов в сторону, выражаясь в духе Китса, нерационализированной красоты жизни.

Как писал Уилфред Бион: «Красота делает очень трудную ситуацию терпимой».

Необязательно пытаться все понять. Иногда можно просто наслаждаться красотой.

Зачем ломаться, если можешь согнуться?

Не надо пытаться справиться сразу со всем. Не обязательно держать все под контролем. Не обязательно каждый божий день стараться контролировать все и сразу.

Невозможно управлять приливом и отливом. Невозможно игнорировать силу притяжения. Невозможно погладить ежа против иголок и не уколоться.

Но зато можно сбросить маску. Можно чувствовать то, что чувствуешь. Можно вытянуться внутрь самого себя.

Можно плакать. Можно чувствовать. Можно не скрывать своей истинной сути.

Можно, собственно, быть самим собой.

У нас больше общего, чем нам кажется

В наше время легко возненавидеть всех вокруг. Легко впасть в полное отчаяние, выйдя в интернет или просто включив новости. Легко найти повод разозлиться. Мы живем в соцсетях, сама бизнес-модель которых основана на нашей способности раздражаться и впадать в ярость.

Легко втянуться в какую-то одну точку зрения настолько, что любой, кто ее не разделяет, покажется тебе чужим.

Но.

На мир можно смотреть не только через одну призму. Если попытаться понять эмоции окружающих, чувства, стоящие за их мнениями, то можно увидеть, что у всех нас на самом деле много общего. Надежды, страхи, любовь, комплексы, желания, сомнения, мечты.

Окружающие могут ошибаться, как и мы сами, и это роднит нас.

Всех нас сближает общая способность лажать. И прощать.

Прощение

Умение прощать других отлично учит в нужный момент прощать самого себя.

Заметка об интроверсии

Интроверсию невозможно исправить экстраверсией. Ее можно исправить только пониманием того, что ее не надо исправлять. Оставим интроверсию в покое. Пусть люди путешествуют не только снаружи, но и внутри себя самих.

Отдых — это активность

Не обязательно быть *занятым*. Ты ни перед кем не должен оправдывать свое существование, измеряя его своей продуктивностью. Отдых необходим для выживания. Он важен. Он важен для любого животного вообще. Собаку, валяющуюся на солнышке, думается, не гложет никакое чувство вины, поскольку собаки, насколько мне известно, в целом больше умеют прислушиваться к своим нуждам и жить с ними в гармонии, чем люди. С возрастом я вообще все больше стал воспринимать отдых как один из важнейших аспектов в нашей жизни. Спокойно сидеть где-нибудь, дома или на улице, и вбирать в себя происходящее вокруг — тиканье часов, проплывающие по небу облака, шум машин в отдалении, пение птиц — в этом есть некая самозавершенность. Такое времяпровождение может казаться и, собственно, *быть* более значимым для нас, чем большая часть всего, что наше общество считает «продуктивным». Подобно красивой мелодии, которой требуются паузы между нотами, или вменяемому предложению, которому нужна пунктуация, нам самим стоило бы рассматривать отдых, рефлексию и пассивное времяпровождение — включая даже просто сидение на диване — как естественную и необходимую часть нашей жизни, нужную для ее осмысленности.

Тайна

Вспомните любой предмет искусства, выдержавший испытание временем — от «Моны Лизы» до «Мидлмарча». В любом таком произведении обязательно есть нечто непостижимое. То, о чем критики будут горячо спорить многие века спустя и так и не придут к соглашению. Возможно, так же обстоят дела и с искусством жить. Может, все дело как раз в тайне, а не в ее разгадке. Быть может, нам и не обязательно понимать о жизни все. И, быть может, в этом нет ничего страшного.

Покой в неуверенности

Неуверенность питает беспокойство. Эти две сущности неразрывно связаны между собой. Чем выше тревога, тем сложнее выносить неуверенность. Мы можем писать, ничего никому не перепоручать. Постоянно искать подтверждения чему-то. Можем по нескольку раз проверять, заперли ли мы дверь, или постоянно звонить кому-то, чтобы удостовериться, что с ним все в порядке. Можем в какой-то момент осознать, что взвалили всю ответственность на себя и перестали доверять другим. Можем испытывать желание закрыться от беспокойного окружающего мира дверью комнаты и прокрастинировать. Можем желать вовсе абстрагироваться от всего, зарывшись с носом в отвлекающие факторы. Можем заполнять каждую секунду дня разными делами, работой, развлечениями и прочими нашими пристрастиями.

И, разумеется, ничего из этого не помогает справиться с основной причиной проблемы. Неуверенность так никуда и не девается. Единственный истинный способ по-настоящему справиться с неуверенностью — это принять ее. От нее не сбежать. Как ни расписывай ежедневники и календари, неуверенности от этого меньше не станет. Наш мир до боли упрям в своей изменчивости — нам остается лишь смириться.

Например, можно научиться ценить неопределенность. Неуверенность — вовсе не проклятие, порой это источник надежды. Да, пускай это означает, что наши ожидания могут принести не такие приятные результаты, как хотелось бы, но в то же время это означает, что и страхи наши могут оказаться не такими жуткими, как мы себе их мним.

Как часто ты слышишь «не было бы счастья, да несчастье помогло»? Как часто нам приходилось слышать истории о людях, на чью долю выпадали тяжелейшие испытания и тяготы — болезни, сокращения на работе, банкротство и так далее — но впоследствии эти люди оказывались, наоборот, благодарны судьбе за все или хотя бы за часть случившегося?

Именно в минуты самой сильной боли я больше всего узнавал о себе. И как часто многое идет не по плану — отпуск превращается в сущий кошмар, работа, которая смотрелась хорошо на бумаге, оказывается отвратительной, брак загибается — так же многие из тягот жизни несут в себе ценные уроки. Подчас из них можно извлечь нечто полезное и даже приятное, а иногда и свежий взгляд на вещи или благодарность за что-то, что мы имеем в этой жизни.

То есть, хоть мы и стремимся избежать неопределенности, поскольку она допускает вероятность неприятного развития событий, она же служит нашей защитой от других невзгод. В жизни любого человека в какие-то моменты происходит нечто плохое, и именно неопределенность итогового эффекта, который окажет на нас неприятность, того, к чему она приведет и того, что она откроет нам, дает нам крепкую и стойкую надежду. Не на то, что ничего плохого в принципе не случится,— потому что оно все равно случается — а на то, что мы сможем за всеми тяготами и печалями увидеть общую картину. Отрицательные события обладают точно таким же непредсказуемым эффектом, как и положительные.

Если вкратце, то мы ничего не знаем наперед. Единственное, что определено,— это неопределенность. Стало быть, если мы хотим найти в жизни некую незыблемую опору, то искать ее надо в принятии неопределенности. Она там. Потому что пока нет определенности, дверь остается открытой. Мы способны существовать в надежде, в бесконечном, в открытом, в непознанном ответе на главные вопросы нашей жизни.

Портал

Каждый из нас наделен силой войти в новый мир.
Для этого требуется всего лишь сменить точку зрения.

Ничто не конечно

Одна из причин, по которым нам нравятся истории,— это четкая структура. Нам нравится, когда у всего есть начало, середина и конец, особенно счастливый. Вспомните случаи, когда ваше мнение о книге или фильме висело на волоске перед самой концовкой. Когда концовка у фильма оказывается слабая, это портит нам все впечатление.

Режиссер Жан-Люк Годар говорил, что у истории должны быть начало, середина и конец, но вовсе не обязательно именно в таком порядке. Я обожал эту цитату и был полностью согласен с французским режиссером, до тех пор пока моя жизнь не пошла под откос и меня не начало тянуть к уюту более классической структуры повествования. К началам, серединам и концам *именно в таком порядке*. Особенно мне нравились концовки, эффектно связывавшие всю историю воедино красивым узелком.

Мне отчаянно требовалась *развязка*. Но, конечно же, у жизни ее быть не может — даже смерть нельзя назвать развязкой. Даже те, кто не верят в загробную жизнь, вынуждены признать, что после нас мир пойдет дальше абсолютно неясной дорогой. Непонятно и то, будут ли вспоминать нас другие люди, и если будут, то как именно.

У жизни бывает только открытый конец. И это вовсе не проклятие рода людского — наоборот, это даже хорошо. Выражаясь словами буддистки Пемы Чодрон, «от развязки мы страдаем». Мне эта идея кажется весьма воодушевляющей — признать, что в нашей вселенной, где все открыто, невозможно достичь завершенности.

Выносимая правильность бытия

Быть > делать.

Воссоединение

Моя нервозность во многом кажется мне симптомом современной жизни. Много лет назад, когда мне было особенно плохо, я стал замечать, что нервозность достигала пика в те моменты, когда я занимался чем-то совершенно чуждым нашим пещерным предкам. Когда ходил по забитому людьми торговому центру. Громко слушал техно. Бродил под искусственным светом ламп супермаркета. Слишком долго сидел перед телевизором или компьютером. Съедал по утрам за один присест целую пачку кукурузных чипсов. Напряженная переписка по электронной почте. Центры мегаполисов. Забитые поезда. Грызня в интернете. Мозговая перегрузка.

Неслучайно в минуты особенного раздрая меня лучше всего успокаивают вещи и занятия, способные воссоединить меня с моим естеством. Например, лечь спать пораньше, как только стемнеет, а не сидеть перед телеком и марафонить по одиннадцать серий сериала кряду до часу ночи. Или гулять на природе с собакой. Или готовить нормальную еду из натуральных ингредиентов. Или проводить время с любимыми. Или сменить диван на физическую активность. Или сажать какие-нибудь растения. Или плавать в море. Или смотреть на небо. Или бегать на свежем воздухе, а не на беговой дорожке.

Конечно, мне нравятся приятные отвлечения, которые дарит нам наша эпоха. Нравится, что у нас есть подкасты, фильмы и видеозвонки. Однако в минуты наибольшей уязвимости, когда я лишаюсь своего защитного панциря, кратчайший путь обратно лично для меня пролегает через тысячелетия нашей истории. Через нашу изначальную суть. Через воссоединение с нашим естеством и нашей базовой природой.

Заметка о радости

В первую свою поездку в Нью-Йорк Мадонна якобы велела таксисту «отвезти ее в самый центр всего». И на протяжении многих лет до начала моего глубокого кризиса я сам придерживался этого подхода. Я не мог просто *быть*. Мне всегда хотелось быть где-то еще, ближе к самой гуще событий. В итоге это привело меня к алкоголю. К наркотикам. Рейвам. Мне требовался максимально громкий звук, максимально острая пища, максимально жестокие фильмы, максимальное *все*. Так я три лета подряд проработал в крупнейшем в Европе ночном клубе на Ибице, где все время находился в самом центре шума, толпы людей и стимуляции всех чувств. Название клуба — «Manumission», что значит «свобода от рабства», — лишь дополняло это мое мироощущение. Для меня быть свободным означало как раз находиться в эпицентре всего происходящего и наслаждаться этим.

Я был тогда глубоко закомплексованным парнем. У меня были серьезные проблемы с самооценкой.

Возвращаясь на зиму в Лондон, я раз за разом искал новую работу. Устроившись на должность же, я подчас физически не мог заставить себя войти в здание, где располагался офис, боясь, что окружающие увидят меня насквозь. Я чувствовал себя тенью, миражом человека. Пустым внутри. И вместо того, чтобы посмотреть в бездну, я пытался изо всех сил от нее сбежать.

Проблема в том, что, разумеется, от себя не сбежишь, как ни старайся. Куда бы ты ни отправился, ты сам всегда будешь рядом. Даже в шесть утра на танцполе.

Убегать от самого себя — все равно что пытаться убежать от столба, к которому ты привязан резиновой тарзанкой. Рано или поздно тебя все равно рванет обратно, да еще и жахнет хорошенько о столб.

Или, как в моем случае, просто сломает психологически. Окунет в густое варево обреченности. Паническое расстройство, депрессия, обсессивно-компульсивное расстройство, агорафобия и до кучи еще и уверенность, что я всего этого не переживу. Какая ирония. Мое отчаянное желание всеми силами избежать боли и дискомфорта в итоге довело меня как раз до самой жуткой боли и дискомфорта в моей жизни. Посадило меня в эту яму и захлопнуло люк. На многие дни, месяцы, годы.

И, чтобы выбраться, мне в конце концов пришлось найти в себе некое принятие. Смешно, конечно, писать о таких вещах в книге, в названии которой фигурирует слово «комфорт», но боль — это естественная часть нашей жизни. Любой жизни вообще. То есть по определению она, в таком случае, является и частью множества хорошего. «Вдохновение и несчастье дополняют друг друга»*, как писала та же Чодрон. Но что же хорошего в страдании? Что в нем вообще может быть *комфортного*? Разве страдание — не антоним комфорта?

Рано или поздно каждый обязан принять собственные реалии. Даже если вместе с ними придется принять депрессию, страхи и боль. Приняв их, ты начинаешь принимать и другие вещи, более приятные в целом. Находить удовольствие в том, чтобы быть собой, вместо того, чтобы бежать от себя. Или в том, чтобы иметь возможность смотреть другим в глаза, лицом к лицу, не чувствуя стыда и неловкости. В принятии того, что боль и радость связываются, как вдох и выдох.

Мне вовсе не нужно было гоняться за жизнью. Я и *был* ею.

---

* Пер. А. Мелиховой.

Крутящаяся монета

Неопределенность вызывает беспокойство, но она же и дает выход. Покуда все неопределенно — во всем есть надежда. Все податливо. Все возможно. Мы живем на ребре крутящейся монеты. Мы не способны предсказать, какой стороной она упадет на землю, но до тех пор нам ничто не мешает любоваться ее блеском.

Ты жив

Можно звучать уверенно, страдая от нервозности. Можно выглядеть здоровым, а чувствовать себя ужасно. Можно красиво говорить на публику, разваливаясь при этом изнутри. Можно быть успешным, но неполноценным. Можно тягать гантели и быть слабым. Можно иметь все и не чувствовать ничего. Можно нестись по волнам и при этом с тоской смотреть на берег.

Ты — нечто гораздо более глубокое, нежели твой фасад. Более глубокое, чем твоя личность. Ты — не цена, скачущая на нестабильной бирже чужого мнения. Ты — часть чего-то гораздо большего. Ты — часть жизни. *Всей* жизни. Ты — точно такое же ее проявление, как какой-нибудь дельфин или лев. Ты настолько же часть целого, насколько ты — уникальный индивид. Если твой индивидуализм воплощается в ущерб твоей связи с этим целым, до добра это не доведет, но у тебя всегда остается возможность восстановить эту связь. Потому что жизнь — и есть способ воссоединиться с самой жизнью. А ты жив.

Один

Числа привлекают нас, поскольку дают возможность считать, измерять и сравнивать, и в то же время напоминают, что всего и всегда может быть *больше*. Числа — и сравнения — повсюду вокруг нас. Подписчики в социальных сетях. Размеры тела. Рамки доходов. Возраст. Вес. Топы в интернете. Количества нажатий. Количество проданных единиц. Лайки. Репосты. Шаги в шагомерах. Оценки качества сна. Количество слов. Оценки за контрольные. Цены на недвижимость. Отчеты по бюджету. Стоимость инвестиционного портфеля. Числа, числа, числа. Они врезаются глубоко, заставляют нас постоянно сравнивать. Себя — с другими, других — с нами. Не обязательно в отрицательном смысле — мы можем желать для этих людей, для наших друзей и родных, самого лучшего. Но слишком часто во все это вмешиваются числа. Мне кажется, они очень и очень сильно на нас влияют. Все измеримо. Мы сами становимся конечными, исчислимыми, переменными с плавающей величиной. Теряем ощущение бесконечности, самой жизни. Где есть числа — там есть и измерения. А измерения ограничивают нас. Потому что выдергивают нас из бесконечной перспективы в конечную. Ведь измерить можно только то, что конечно.

Один (два)

Если ты по-настоящему ощущаешь себя частью большего целого, если способен увидеть себя в других людях и в самой природе, если это «*ты*» перерастает твое индивидуальное «ты», то ты никогда по-настоящему не покинешь этот мир, даже после смерти. Ты будешь существовать, покуда существует сама жизнь. Потому что жизнь, которую ты ощущаешь внутри себя,— это часть жизненной силы, которая есть в каждом существе.

Мощь

Самый мощный момент в твоей жизни наступает тогда, когда ты решаешь, что больше не будешь бояться.

Расти больно

Когда у нас все хорошо, мы не растем. Потому что для роста нужно меняться, поскольку рост — *и есть* изменение. Обычно мы начинаем развиваться, лишь попав в неблагоприятную ситуацию. И часто приходится совершать ошибки, чтобы на них учиться, подобно тому как тяжелоатлету требуется вес, который он будет поднимать. Рост невозможен в мире, в котором нет тягот и борьбы.

Страдание было самым сильным из всех учений,
и оно научило меня понимать, каким было ваше
сердце. Я был согнут и сломлен, но, надеюсь,
в лучшую сторону.

Чарльз Диккенс, *«Большие надежды»*

Как взглянуть в лицо своим демонам

Хотеть убежать от неприятных чувств легко. Ощущая печаль или страх, мы воспринимаем их как проблемы, которые нужно либо немедленно решить, либо послать их подальше. Помню, когда я находился на самом дне своей депрессии, мне было плохо не только от самой депрессии, но еще и от осознания того, что я в ней нахожусь. Я переживал из-за того, что переживаю. И так, естественно, негативные эмоции все множились и множились.

Ключ к выходу из этой дурной бесконечности лежит в принятии. И в этом есть некоторый парадокс. Чтобы выйти из депрессии, мне требовалось сначала принять ее. Чтобы перестать страдать от панических атак, нужно было приучить себя едва ли не *ждать* их. Необходимо было, ощутив характерное для них обострение чувства тревоги, сказать себе: «Я *хочу* этого». Это не то чтобы стратегия, которой я призываю других придерживаться. И я уж точно не собираюсь преуменьшать весь ужас полновесной панической атаки. Я не хуже других знаю, насколько страшно ощущать себя запертым в собственной голове, будто находясь в состоянии свободного падения. Но после сотни с лишним пережитых панических атак я понял о них кое-что очень важное — они замкнуты сами на себя. Сами себя питают. Паника лишь росла, когда я начинал дополнительно паниковать из-за нее. Получается снежная лавина. Но когда мне удавалось остановить себя и не думать о самой панике, погрузиться в состояние принятия — у лавины заканчивался питавший ее ледяной ужас и она теряла способность расти дальше. И рано или поздно паника просто безболезненно проходила сквозь меня. Мой разум просто наблюдал за ней, не пытаясь с ней бороться. Это кардинально меняло дело.

Иногда, если ситуация позволяет, вместо того, чтобы игнорировать панику или пытаться отвлечься от нее, я просто ложусь на пол, закрываю глаза и, наоборот, максимально сосредоточиваюсь на ней. Начав анализировать свой страх, ты осознаешь, во-первых, что он является совершенно естественной частью нашей природы, а во-вторых, что страх — спутник надежды, ведь и то, и другое соткано из неопределенных волокон нашей жизни.

В тибетском языке есть слово «ре-док», образованное из слов «рева» («надежда») и «докпа» («страх»). Само это слово есть литературное признание сосуществования этих двух чувств и того, что оба они, по сути, проистекают из одного и того же — из неопределенности. Анализируя наши самые сильные страхи, а не избегая их, мы понимаем, что даже самые грозные из наших внутренних демонов не так уж и неуязвимы, как могло казаться прежде. И если достаточно пристально на них посмотреть, они испаряются у нас на глазах.

Помни

Будут другие дни. И другие чувства.

Противоположности

Что бы означало слово «большой», если бы не существовало понятия «маленький»? Противоположности существуют лишь благодаря друг другу. В философии Дао дуалистичные по природе понятия инь и ян противоположны, но взаимозависимы. Дню нужна ночь, а ночи — день. Мрачные тени на холсте Тинторетто подчеркивают свет. Немое детство Майи Анджелу подтолкнуло ее говорить громко во взрослой жизни.

Противоположные эмоции в нашем независимом мире также часто оказываются связаны друг с другом. Как писал Уильям Блейк: «Радость и беда — одно / Платье, хитро сплетено»*. Мне это хорошо известно. Я так люблю жизнь, поскольку когда-то я едва не покончил с собой. Многую радость и многий покой в этой жизни я вкусил благодаря тому, что сумел пройти через годы адских мук. Теперь я стараюсь избегать категорических суждений о самом себе. Я не счастливый и не несчастный человек.

---

* Пер. В. Топорова.

Не спокойный и не дрожащий. Я счастливо-несчастно-спокойно-дрожащий человек. Я даю себе чувствовать все это и таким образом оставляю дверь открытой для новых эмоций. Ничто не засоряет мои внутренние трубы. Когда даешь всем своим чувствам волю, ни одно из них не сможет стать единственно важным в твоей жизни. А чтобы давать им всем волю, надо научиться видеть во всех них ценность. Осознать, что темная тропинка может вывести к свету. А сегодняшняя боль — к завтрашней надежде.

Любовь/Отчаяние

Альбер Камю писал: «Любовь к жизни невозможна без отчаянья в ней»*. Впервые наткнувшись на этот афоризм, я счел его пустым, претенциозным и излишне мрачным. Однако с годами эти слова стали казаться мне все более и более осмысленными. Моя любовь к жизни едва ли не напрямую проистекает из отчаяния. В том смысле, что, познав тяготы, я стал больше ценить беззаботные деньки. Но и в более глубоком смысле тоже — удовольствие и отчаяние есть части одного целого, и стоит нам начать видеть связь между всеми вещами, видеть, как друг из друга растут противоположности, понимать, что все в мире связано, как даже в самые тяжелые времена мы обретем силу чувствовать себя чуть лучше.

* Пер. У. Жилиной.

Возможность

Философ-экзистенциалист Ролло Мэй считал, что нам свойственно делать ошибочные противопоставления. «Прямая противоположность любви — вовсе не ненависть,— писал он,— а апатия». Он также отмечал, что и храбрость не является противоположностью страха, поскольку последний — есть обязательный элемент первой, и что по-настоящему храбр тот, кто испытывает страх и переступает через него. Однако, пожалуй, больше всего полезной информации можно извлечь из его рассуждений о совместимости радости и отчаяния.

«Радость — это ощущение возможности,— писал он.— Осознание собственной свободы перед лицом своей судьбы. В этом смысле отчаяние… может вести к радости. После отчаяния остается лишь возможность».

Дверь

Все, что лежит перед нами, определяется возможностью. Мы никогда не живем в будущем. Мы стоим за дверью. Мы держимся за ручку. Поворачиваем ее. Но никогда заранее не знаем, что ждет нас по ту сторону. Может, комната, похожая на ту, в которой мы стоим сейчас, а может, помещение, которого мы ранее никогда не видели. Возможно, там и вовсе не комната. Быть может, за этой дверью — прекрасный сад, в котором нас ждут спелые плоды всех наших трудов. А может, там безжизненная пустошь. Мы никогда не знаем наверняка. Но, даже оказавшись в итоге там, где нам не хочется быть, мы все равно можем чувствовать благодарность за то, что существует и другая, следующая дверь с красивой ручкой, которая только и ждет, чтобы ее повернули.

Хаотичное чудо нашего существования

Западная концепция самосовершенствования требует от нас постоянно становиться лучше, искать в себе своего внутреннего миллиардера, качаться, работать, прогрессировать. Она убеждает нас, что настоящего недостаточно. Она учит самоуничижению, притворяясь путем к спасению.

Нам нужно самопринятие. Самосочувствие. Наши нынешние тело и разум — не то, от чего нам следует пытаться сбежать. Нам стоит помнить о хаотичном чуде нашего существования.

Принятие

Придет волшебное время, когда ты прекратишь попытки сбежать от себя или улучшить себя и просто дашь себе жить.

Ощущение настоящего момента

В буддизме существует понятие «метта» или «майтри», означающее благожелательность и «любящую доброту». «Метта» — это принятие себя самого таким, *какой ты есть.* Вместо попыток изменить самого себя, это принятие себя и всего вокруг *как постоянного изменения.*

В своей книге «Когда все рушится» Пема Чодрон поясняет, что именно отсутствие предписаний к самосовершенствованию делает эту концепцию столь радикальной. «По сути,— пишет она,— мы отказываемся от контроля и позволяем концепциям и представлениям распасться. Этот процесс начинается с осознания: что бы ни возникало — это не начало и не конец». И как только с тобой это происходит, ты тут же осознаешь, что все твои чувства существуют в пределах естественного человеческого спектра эмоций и что точно то же самое люди чувствовали еще на заре нашей цивилизации. «Мысли, эмоции, настроение и воспоминания приходят и уходят, а ощущение настоящего момента всегда здесь».

Идея «метты», впрочем, распространяется далеко за пределы одного лишь самосочувствия. Целью медитаций по этой технике является распространение сочувствия сначала на себя, затем на родных и близких, а затем и дальше — на всех живых существ. Даже на самых проблемных, раздражающих и злящих нас. Часто в этом помогает мантра, начинающаяся с того, что практикующий сосредоточивается сначала на себе самом, а затем расширяет внимание и распространяет его на все живое, источая сострадание широкими концентрическими кругами, подобными кругам на воде.

Да пребуду я в целости и счастье… Да пребудет она в целости и счастье… Да пребудут они в целости и счастье… Да пребудет все живое в целости и счастье.

Красиво, правда? Идея здесь заключается в том, что распространение сочувствия и сострадания на все живое помогает нам приблизиться к целому единству жизни. Мы начинаем ощущать все страдание этого мира, но также и радость любой жизни и всей природы. Через сострадание мы становимся частью всего. Становимся метафорическим огнем, землей, воздухом и водой. Мы становимся тем, чем были всегда — самой жизнью.

Как быть океаном

Ты не провинился
В минуту печали.
Ты не проиграл
В минуту поражения.

Ты не статуя,
Застывшая в вечном контрапосте,
Ты всегда в движении:
Набегающий прибой, волна с бурным гребнем.

Твоя необъятная глубина познает
Всякое чудо, каждое диво.
И сам ты чудесен
И дивен. Так что:

Не борись с луной.
Отпусти приливы и отливы.
И дай всем своим разбившимся кораблям
Место, чтобы укрыться.

Больше

В смутные времена обостряется восприятие красоты жизни. Многое из того, что мы узнаем в тяжелые дни, способно помочь нам потом в более благоприятное время. Подобно тому, как надежда на лучшее помогает нам пройти через худшее. Все связано. Вся жизнь заключена внутри нас. Страх и спокойствие, надежда и безнадежность, отчаяние и умиротворение. Одна крохотная песчинка способна поведать нам обо всей вселенной. Одно мгновение способно рассказать нам обо всех прочих. Мы никогда не являемся чем-то одним.

Подобно тому, как наши предки видели мир как синергию земли, огня, воды и воздуха, так и мы в любой момент вольны в каждом человеке увидеть связь со всеми остальными элементами мироздания. У нас всегда есть способность быть *больше*. Больше, чем любая насущная проблема или кризис. Узнать нечто новое о просторах нашего сознания, не пытаясь добавить туда нечто новое, а поняв, что там уже все есть. Подобно странице, которая уже в книге, даже если мы ее пока не прочли.

Внутри нас всегда больше, чем мы думаем. Больше силы, больше тепла, больше сострадания, больше упорства.

Этот мир способен удивлять нас, да, но мы и сами способны удивлять самих себя.

Конец

В действительности ничто не кончается.

Просто меняется.

Изменения вечны. И ты, будучи изменением, тоже вечен. Ты здесь. В этом живом, пролетающем мгновении. И, будучи здесь, ты сам — навсегда.

Огонь становится пеплом, а пепел — землей. Печаль обращается радостью, иногда за один-единственный всхлип. Птицы сбрасывают перья, чтобы затем отрастить новые на зиму.

Любовь становится скорбью. Скорбь — памятью. Раны становятся шрамами.

«Делать» становится «быть». Боль становится силой. Полдень — ночью.

Дождь становится паром, а затем снова дождем. Надежда превращается в отчаяние, и вновь в надежду.

Груша созревает, падает на землю, преображается, когда пробуешь ее на вкус.

Гусеница исчезает в своем шелковом коконе, опускается тьма, а затем…

Благодарности

Спасибо моему агенту Клэр Конвил и всем из C+W. Спасибо моему редактору Фрэнсису Бикмору и всем в Canongate, включая Джейми Бинга, Дженни Фрай, Люси Жу, Элис Шортлэнд, Вики Уотсон, Вики Рутерфорд, Лейлу Крюикшенк, Меган Реид, Кэролайн Горхэм, Ребекку Боналли, Джессику Нил, Кэролайн Кларк, Бетани Фергюсон, Рафи Ромайя, Джо Лорд, Каталину Уатт, Стеф Скотт и Дрю Ханта.

Огромное спасибо всем букинистам за многолетнюю поддержку, спасибо всем, кто оставлял комментарии под моими рассуждениями в соцсетях, и всем читателям, оставшимся верными моим трудам вне зависимости от жанра.

Наконец, спасибо замечательным людям, с которыми я живу: Андреа Семпл, Перл Хейг, Лукасу Хейгу и собаке Бетси.

16+

Мэтт Хейг
КОМФОРТНАЯ КНИГА

Перевод на русский язык Максима Череповского
Редактор Дарья Ивановская
Корректор Валентина Матюшкина
Верстка Светланы Зорькиной

Подписано в печать 26.01.2022
Печать офсетная. Бумага офсетная.
Формат 60×90/16. Объем 17 усл. п. л.
Тираж 3000 экз. Заказ №1389.

ООО «Издательство «Лайвбук»
117105, Москва, Варшавское шоссе, д. 1, стр. 1–2
По вопросам оптовых закупок
обращайтесь по электронному адресу
tatiana@livebooks.ru и тел. +7 (495)114-52-45
Все книги издательства
можно приобрести в магазине редакции:
Москва, ул. Большая Ордынка, д. 13/9, стр.1, под. 2, оф. 9.
Тел. +7 (495)114-52-45
и на сайте livebooks.ru

Ищите нас в социальных сетях:
www.instagram.com/livebook_publishing
www.vk.com/livebookph
www.facebook.com/livebookPH

Отпечатано с готовых файлов заказчика
в АО «Первая Образцовая типография»,
филиал «УЛЬЯНОВСКИЙ ДОМ ПЕЧАТИ»
432980, Россия, г. Ульяновск, ул. Гончарова, 14